Paul Pollack

Der erste Törn

Paul Pollack

Der erste Törn

Tips für Mitsegler

Klasing & Co GmbH

Von Paul Pollack ist im Delius Klasing Verlag folgender Titel erschienen:
Segelschein mit Eselsohren

Die Deutsche Bibliothek – CIP-Einheitsaufnahme

Pollack, Paul:
Der erste Törn: Tips für Mitsegler / Paul Pollack. –
Bielefeld: Klasing, 1995
(Yacht-Bücherei; Bd. 110)
ISBN 3-87412-152-6
NE: GT

ISBN 3-87412-152-6

© Copyright by Klasing & Co. GmbH, Bielefeld
Illustrationen: John Bassiner, Wedel
Titelfoto: H.-G. Kiesel
Umschlaggestaltung: Ekkehard Schonart
Gesamtherstellung: Ludwig Auer GmbH, Donauwörth
Printed in Germany 1995

Inhalt

Vorwort

Was finden die Leute an einem Segeltörn?

Was bringt sie dazu, Jahr für Jahr ihren Urlaub auf einem Segelboot zu verbringen?

Was reizt sie, gutes Geld in ein „windiges" Unternehmen zu investieren, obwohl sie genau wissen, daß es mit Einschränkungen und Unannehmlichkeiten verbunden ist?

Was erwarten sich Männer und Frauen aller Altersstufen und Bildungsgrade, wenn Sie einen Segeltörn buchen? Und was bringt den schwärmerischen Glanz in ihre Augen, wenn sie im Winter davon erzählen?

Die Antwort darauf ist ziemlich einfach: Segeln ist ein einmaliger Sport, jeder Segeltörn ein einmaliges Erlebnis, ein Ereignis, das sich nicht wiederholen läßt, eine endliche Geschichte, die mit jedem Ablegen neu beginnt und mit jedem Anlegen ihr eigenes Ende findet.

Segeln ist, auch wenn es von Charterfirmen organisiert und als großes Geschäft vermarktet wird, noch immer ein richtiges Abenteuer. Nicht die Gesetze, die an Land unser Leben bestimmen, sondern Wind und Meer sind die einzigen Parameter, nach denen sich das Leben auf See richtet.

Das ist eine ständige Herausforderung. Trotzdem brauchen Sie weder eine besondere Veranlagung, noch besondere Vorkenntnisse, um einen Segeltörn mitzumachen. Segelerfahrungen auf einer Jolle sind gut, aber keine Voraussetzung, theoretisches Wissen hilft, ist aber keine Pflicht. Sie brauchen eigentlich nur ja zu sagen und schon sind Sie – gegen einen entsprechenden Barbetrag – dabei.

Als Gegenleistung für dieses Ja werden Sie bei Ihrem Törn Bekanntschaft mit einem Lebensstil machen, bei dem Zeit keine Rolle spielt. Sie werden Ihren Lebensrhythmus dem gemächlichen Tempo eines Segelbootes anpassen und Abenteuer nicht mehr second-hand aus der Konserve, sondern live miterleben. Und Sie werden persönliche Beziehungen aufbauen, denn an Bord sind Sie nicht irgend ein anonymer Gast und Zuschauer, sondern vom Anfang an ein aktives Mitglied einer Segelcrew mit Rechten und Pflichten.

Damit Sie, auch als Segelneuling, dieses einmalige Abenteuer richtig erleben können, und Ihr erster Törn nicht auch gleich der letzte wird, möchte ich Ihnen auf den folgenden Seiten einige Tips geben und genau die Fragen beantworten, die mir als Charterskipper von Bordneulingen immer wieder gestellt werden.

Deshalb möchte ich Sie ermutigen, Ihre Bedenken und Ihre mögliche Wasserscheu zu überwinden und einmal mitzusegeln. Es wird Ihnen gefallen. Und wenn nicht, dann haben Sie zumindest etwas zu erzählen, zu Hause, im Büro, am Stammtisch. Daß es ein Erlebnis wird, schöner als Sie es sich vorstellen, wünsche ich Ihnen, mehr als die in Seglerkreisen übliche Handbreite Wasser unterm Kiel.

In diesem Buch geht es nicht nur um richtige Segelneulinge. Auch für alle, die zum ersten Male selbst ein Boot chartern und einen Törn organisieren wollen, um ihre Süßwassererfahrungen im Salzwasser zu erproben, gibt es Tips und Anregungen aus der Praxis.

Paul Pollack

Mitsegeln – aber wo und wie?

Schön, Sie haben sich also entschlossen! Sie wollen wissen wie das ist mit dem Meer und einer Yacht und mit dem Segeln. Was hat Sie dazu bewogen? Ein Phantasiefilm, in dem Sie als sturmerprobter Clipperkapitän die Hauptrolle spielen? Ein romantischer Traum, in dem Sie auf einer schneeweißen Luxusyacht unter geblähten Segeln langsam ins Abendrot segeln? Oder haben Sie einfach von den Ferien in den Bettenburgen die Nase voll und sehnen sich nach einsamen Buchten und palmengekrönten, aber menschenleeren Stränden?

Was immer Sie zu ihrem Entschluß getrieben hat, lassen Sie sich nicht mehr davon abbringen. Auch wenn Ihnen seither unzählige Fragen durch den Kopf schwirren und nagende Zweifel Sie nächtens nicht schlafen lassen. Auf Fragen gibt es Antworten und die beseitigen meist auch die Zweifel.

Sind Sie erst einmal entschlossen, dann ist der Rest nur ein Klacks. Jetzt brauchen Sie nur noch ein Boot, eine Gelegenheit, irgendwo mitzusegeln, dann sind Sie schon dabei.

Nehmen wir einmal an, Sie sind wirklich ein Neuling, ahnungslos in jeder Beziehung und irgendwo im Hinterland zu Hause, dort wo man Wasser nur zum Trinken und Waschen verwendet und die Worte Schiff und Boot aus dem allgemeinen Sprachschatz verschwunden sind. Trotzdem träumen Sie vom Segeln.

Kein Problem. Es gibt so viele Möglichkeiten zu einem Schiff oder fürs erste Mal zu einem Platz auf einem Segelboot zu kommen, daß auch Sie Ihren Traum verwirklichen können.

Fangen wir mit der einfachsten Möglichkeit an: lassen Sie sich zum Segeln einladen.

Hören Sie sich dazu in ihrem Freundes- und Bekanntenkreis um und Sie werden bald festellen, daß viel mehr Leute als Sie annehmen mehr oder weniger regelmäßig zumindest einen Teil ihres Urlaubs auf einem Segelboot verbringen.

Ich kenne da beispielsweise eine gewisse Katharina, die sich bei einem Badeurlaub an der Cote d'Azur von den dort liegenden Yachten vom Segelvirus infizieren ließ. „Auf so einem Segelboot würde ich gerne einmal Urlaub machen", seufzte sie nach ihrer Rückkehr auf einer sonntäglichen Grillparty und war baß erstaunt, daß faktisch jeder Partygast schon Segelerfahrung hatte. Es hat dann nicht mehr lange gedauert, bis Katharinas Segeltraum wahr wurde.

Es ist also gar nicht notwendig, daß Sie gleich auf den Eigner einer luxuriösen Yacht stoßen. Es genügt schon, wenn Sie die Spur zu einem Segler aufnehmen. Die Äolussöhne haben nämlich eines gemeinsam: Sie reden gerne über ihr Hobby und versuchen auch andere dafür zu begeistern. Wenn Sie also immer und überall ihr Interesse am Segeln bekunden, kann es nicht sehr lange dauern, bis Sie einer der Freizeitkapitäne auffordert, doch einmal mitzusegeln. Das heißt nun nicht, daß Sie gratis mit dabei sind. In den meisten Fällen wird Ihr Segelfreund selbst nur Mitglied einer Crew sein, die für ein, zwei Wochen im Sommer eine Yacht chartert, vor allem wenn Sie, wie eingangs erwähnt, nicht am Meer, sondern irgendwo im Binnenland zu Hause sind.

Ich bin selbst schon seit etwa zehn Jahren als Charterskipper tätig und habe bisher alle meine Crews durch Mundpropaganda gefunden. Im Büro, am Stammtisch, bei Parties haben mir oft Wildfremde die schon vertraute Frage gestellt: „Ich habe gehört, du organisierst Segeltörns, könnte ich da nicht einmal mitsegeln?" Und viele davon segeln seither regelmäßig mit mir.

Das sollte Ihnen Mut machen. Fragen kostet schließlich noch nichts. Und wenn Ihnen später das Herz doch in die Hose rutscht, so haben Sie nichts verloren. Ich habe eine Bekannte namens Jutta, die fragt mich jeden Herbst, ob sie im nächsten Sommer mitsegeln dürfe. Ich setze sie regelmäßig auf die Crewliste, doch wenn ich im Frühling konkrete Pläne mache, verläßt sie ebenso regelmäßig der Mut. „Nächstes Jahr", vertröstet sie sich und mich. Nächstes Jahr feiern wir das fünfjährige Absagejubiläum.

Besser kommen Sie zu zweit

Es klingt ungewöhnlich, aber es ist nun mal so: Auf der Suche nach einer Mitsegelgelegenheit tun Sie sich zu zweit leichter als allein. Das hat mit der Anordnung der Kojen (Betten) auf modernen Segelyachten zu tun. Auf fast allen diesen Schiffen gibt es mehr Doppel- als Einzelkojen, es ist daher leichter, Platz für zwei als für einen zu finden. Das ist vor allem für die Damen wichtig.

Sind Sie allein unterwegs, so kann es Ihnen passieren, daß Sie mit einer Ihnen völlig unbekannten Mitseglerin, im Extremfall sogar mit einem Mitsegler die Kabine und damit die Doppelkoje teilen müssen. Das macht vielen Leuten nichts aus, kann aber – zugegeben – auch unangenehm sein.

Heuern Sie zu zweit an, so kennen Sie wenigstens ihren Bettnachbarn und haben an Bord auch schon eine Person, mit der Sie sich nicht erst bekannt machen müssen. Das kann gerade zu Beginn eines Törns, wenn einem ohnehin noch alles fremd und neu ist, besonders wichtig sein.

So ein Kumpel, egal ob männlich oder weiblich, hat schon über viele Anfangsschwierigkeiten hinweggeholfen, auch wenn er selbst vom Segeln und von Segelbooten keine blasse Ahnung hat. Und wenn es beim Landgang einmal kein gemeinsames Programm für die gesamte Crew gibt, so brauchen Sie nicht allein loszuziehen. Denn es verdrießt einen bald, wenn man sich in der Julihitze Griechenlands allein aufmachen muß, um die Venus von Milos zu suchen, es macht wenig Spaß, die happy-hour am Palmenstrand der Marigot-Bay zu vertrödeln und allein einen karibisch-exotischen Drink durch den Strohhalm zu saugen, und man überlegt es sich dreimal, ob man wirklich allein den nächtlichen Aufstieg zum Krater des Stromboli wagen soll. Zu zweit ist das alles ein Vergnügen.

Rechtzeitig

Und noch etwas: Wenn Sie wirklich entschlossen sind einen ersten Segelversuch zu wagen, sollten Sie sich rechtzeitig nach einer Mitsegelgelegenheit umsehen. Nicht erst zu Saisonbeginn, sondern schon im Herbst davor. Segeltörns werden nämlich meist von langer Hand vorbereitet.

Überlegen Sie nur, welch organisatorischer Aufwand dahinter steckt: Da muß eine Gruppe von sechs oder acht Leuten unter einen Urlaubshut gebracht werden. Hat sich die Runde schließlich auf einen Urlaubstermin geeinigt, so muß genau für diese Wochen ein passendes Boot gefunden werden, und das auch noch in einem ganz bestimmten Hafen. Zu diesem Ausgangspunkt des Törns gilt es die Anreise zu organisieren, das heißt mitunter, daß die Hin- und Rückflüge zu buchen sind, was in der Hochsaison nur möglich ist, wenn man Monate voraus reserviert. Weil die gängigen Urlaubsdestinationen meist schon lange vor Saisonbeginn ausgebucht sind, bleibt gewieften Törnorganisatoren oft nichts anderes übrig, als schon im Herbst die Plätze für eine Phantasiecrew zu reservieren.

Natürlich gibt es auch so etwas wie einen Törn für Schnellentschlossene: Da kriegt ein Skipper die Mannschaft nicht zusammen, mit der er für das längst gecharterte Boot gerechnet hat, dort fällt ein Crewmitglied wegen Krankheit aus und schon wäre für Sie ein Plätzchen frei. Ich würde einem Neuling davon abraten, solche „Last-minute-Chancen" zu ergreifen. Der Erfolg jedes Törns hängt von seiner Planung ab, ein Hals-über-Kopf-Entschluß läßt aber gerade dem Anfänger keine Zeit, sich entsprechend vorzubereiten.

Segeln im Verein

Segler sind, zumindest in den meisten Fällen, gesellige Typen. Sie hocken sich auch außerhalb der Saison gerne zusammen, um Erfahrungen auszutauschen, Pläne zu schmieden oder einfach um Seemannsgarn zu spinnen. Viele Segler sind daher in Vereinen organisiert. Solche Segelvereine gibt es nicht nur am Wasser, in der Nähe von Segelrevieren, sondern praktisch überall. Um bei so einer Vereinigung Mitglied zu werden, genügt es meist, Interesse am Segeln zu bekunden, nur in den allerwenigsten Fällen ist die Mitgliedschaft in einem Club an den Besitz einer eigenen Yacht gebunden.

Interesse am Segeln haben Sie, also was hält Sie davon ab, Mitglied eines Segelvereins zu werden. Sind Sie erst einmal akzeptiert, sind Ihre Chancen, einen Kojenplatz zu ergattern, schon sehr groß.

Yacht voraus!

Lernen Sie die neuen Seiten der Yacht kennen;

mit fantastischem Fotomaterial und Reportagen aus aller Welt

mit aktuellen, handfesten Tips aus erreichbaren Revieren,

einer Fülle von Anregungen, Tips, Tricks und Neuentwicklungen

den zuverlässigen Tests von Segelbooten und Zubehör -

Probeheft kommt kostenlos!

Und nicht nur das: Als Vereinsmitglied sind Sie nicht mehr irgend ein Fremder, der an Bord kommt, sondern Sie kennen Ihre Mitsegler und sind selbst den anderen bekannt. Das ist ein immenser Vorteil. Mit einigem diplomatischen Geschick können Sie es so nämlich einrichten, daß Sie nicht gerade mit diesem aufdringlichen Schulmeister auf Törn gehen oder gar mit dem Vereinsjunkie die Koje teilen müssen. Sie können es sich aussuchen, welcher Gruppe Sie sich anschließen.

Im Verein gibt es meist auch eine entsprechende Vor- und Nachbetreuung, von der man als Anfäger besonders profitiert. Da werden an langen Vereinsabenden schon Bilder und Einrichtungspläne der ins Auge gefaßten Yachten herumgezeigt, da gibt es Mitglieder, die mit diesem Typ Schiff schon unterwegs waren und daher alle Vorteile und Schwächen kennen, da gibt es Dia-Shows über das Segelrevier, das angesteuert werden soll, so daß man sich als Neuling schon ein Bild machen kann, was einen so erwartet. Und dann gibt es natürlich jede Menge von Geschichten über Segelboote und Segeltörns und dermaßen begeisterte Erzähler, daß auch der unentschlossenste Neuling mitgerissen wird.

Aber es muß nicht unbedingt ein Segelverein sein, durch den Sie zu ihrem ersten Törn kommen. Erkundigen Sie sich doch mal, ob Ihr Fußball-, Wander-, Briefmarken- oder Sparverein nicht auch wassersportlich aktiv ist. Ich kenne nicht nur einen Tennisverein, bei dem der jährliche Segeltörn für Mitglieder zum fixen Sommerprogramm gehört, und ich kenne eine Betriebssportvereinigung, deren Segelsektion regelmäßig Törns mit allem Drum und Dran organisiert, die Anreise genauso wie den Heimflug.

Denn das ist ja ein weiterer Vorteil: Vereine verstehen sich meist prächtig auf die Organisation solcher und anderer Aktivitäten, mit denen ein privater Törnveranstalter glattweg überfordert ist.

Was man alles vermurksen kann, wurde mir bei einem Adriatörn klar, den ich vor Jahren einmal mitgemacht habe. Der Törn, den unser Schiffseigner in Eigenregie organisiert hatte, begann mit der wenig erfreulichen Erkenntnis, daß der Ferienexpreß, der uns ohne Umsteigen und längeren Aufenthalt von Wien nach Split bringen sollte, just an diesem Wochenende nicht verkehrte. Warum, wissen die Götter der Bundesbahn. Es fand sich zwar ein entsprechender Hinweis im Fahrplan, aber diese winzige Fußnote hatte unser Organisator, der den Zug schon wiederholt anderen Crews empfohlen hatte, schlicht und einfach übersehen. Wegen dieses fahrplantechnischen Dilemmas begann unser Törn statt mit der erwarteten Speisewagenfahrt mit einer ungemütlichen und kräfteraubenden Umsteigeserie, die nur insofern von Erfolg gekrönt war, als wir mit hängender Zunge den letzten Bus von Split nach Tucepi erwischten. „Steigen Sie in Makarska aus und nehmen sie von dort ein Taxi zum Hafen", riet uns ein wohlmeinender, offensichtlich ortskundiger Mitreisender, doch da wir Karten bis Tucepi hatten und bereits stark übermüdet waren, stiegen wir erst aus, als der Fahrer die Station Tucepi ausrief. Das hätten wir nicht tun sollen. Es gibt nämlich zwei Stopps in diesem langgestreckten Ort: unserer war der falsche. Also schleppten wir unsere schweren Seesäcke zwei Kilometer bis zum Hafen, ein Taxi hätten wir aus Makarska kommen lassen müssen. Erst gegen drei Uhr früh trafen wir bei unserem Schiff ein. Es war, wie nicht anders zu erwarten, verschlossen. Der Agent hatte nicht mehr mit uns gerechnet.

Mit solchem Unbill werden Sie kaum zu kämpfen haben, wenn ein organisationserprobter Vereinsfunktionär Ihren Törn in die Hand nimmt. Dafür kann es bei einem Vereinstörn vorkommen, daß die Geselligkeit zu sehr im Vordergrund steht und das eigentliche Segeln zu kurz kommt. Es ist für einen Neuling nicht unbedingt schlecht, wenn gerade beim ersten Törn die lustigen Seiten der christlichen Seefahrt überwiegen, doch Sie könnten ein wenig enttäuscht sein, wenn Sie Ihre Zeit statt mit Segeln mit endlosen Vereinsritualen oder gemütlichem Beisammensitzen verbringen.

Segelschulen

Da sind Sie besser dran, wenn Sie ihren ersten Segeltörn über eine Segelschule buchen. Allerdings besteht da wieder die Wahrscheinlichkeit, daß der Törn ins andere Extrem umschlägt, daß faktisch nur noch gesegelt wird, was vielleicht nicht ganz Ihren Vorstellungen von einem gemütlichen Urlaubstörn mit Stadtbummel und Lokalbesuchen entspricht. Solche Ausbildungs- oder Schulungstörns, bei denen (fast) bei jedem Wetter gesegelt wird, können durchaus zur Strapaze ausarten. Mit einem gewissen Drill ist zu rechnen. So könnten die für die Ausbildung wichtigen Nachtfahrten und eine strikte Wacheinteilung auch den Neuling dazu zwingen, zu nachtschlafener Zeit an Deck zu erscheinen, wo es feucht und ungemütlich ist – und dabei hat er von einem sommerlichen Badetörn geträumt.

Da die Crew eines solchen Ausbildungstörns meist aus einem zusammengewürfelten Haufen von Segelschülern besteht, ist hier die Wahrscheinlichkeit am größten, daß man als Einzelperson unterkommt. Der Besuch eines Segelkurses ist erwünscht, aber selten Bedingung.

Die Meriten eines Schultörns liegen auf der Hand: Auch Sie als Neuling können in kurzer Zeit zumindest einige Grundkenntnisse des Segelns erwerben, weil man es als selbstverständlich voraussetzt, daß Sie, egal ob Mann oder Frau, Ihren Fähigkeiten entsprechend ihren Mann stehen und mit Hand anlegen.

Sie dürfen bei so einem Ausbildungstörn auch sicher sein, daß der Schiffsführer selbst eine fundierte Ausbildung und eine gehörige Portion Erfahrung besitzt (was bei privaten Törns nicht immer der Fall ist), außerdem wird der Skipper in den meisten Fällen über spezielle Revierkenntnisse verfügen. Das kann entscheidend zum Gelingen eines Törn beitragen. Oder würden Sie sich nicht ärgern, wenn Sie nach Ihrem ersten Törn erfahren müßten, daß Sie an den schönsten Buchten, an den sehenswertesten Stätten vorbeigesegelt sind, nur weil der Schiffsführer zu wenig Ortskenntnis hat? Oder würden Sie es nicht als leichtsinnig einstufen, wenn ihr Skipper trotz eines drohenden Sturms zum Auslaufen drängt, nur weil er mit den örtlichen Wetterverhältnissen nicht vertraut ist?

Segelschulen haben einen Ruf zu verlieren. Sie können es sich nicht leisten, einen unerfahrenen Hobbysegler als Schiffsführer und Ausbilder einzusetzen. Davon können Sie profitieren.

Segelkontakte per Inserat

Segeln ist heute kein elitärer Sport mehr, Segeln ist ein Volkssport und – ein Geschäft. Hunderte Charterfirmen halten auf allen Segelrevieren der Welt ganze Flotten von Segelyachten aller Größen und Preisklassen bereit, es wäre gelacht, wenn da nicht genau das Boot dabei ist, das Sie suchen.

Einen guten, wenn nicht gar kompletten Überblick über die Angebote der Charterfirmen gibt Ihnen der Inseratenteil der großen Wassersportzeitschriften, wie YACHT und BOOTE in Deutschland oder YACHTREVUE in Österreich. Seite über Seite können Sie dort in der verbalen Wühlkiste nach dem für Sie maßgeschneiderten Angebot oder dem günstigsten Schnäppchen stöbern, vorausgesetzt, Sie finden sich in dem Abkürzungssalat zurecht und wissen das Inseratenkauderwelsch richtig zu interpretieren. Vielleicht helfen Ihnen dabei die folgenden Erklärungen.

Bareboat: Diese knappe englische Formulierung bedeutet, daß man für die Chartergebühr nur das Boot bekommt. Es ist mit dem Nötigsten ausgerüstet, Crew und Schiffsführer muß der Kunde stellen. Bareboat wird daher auch unter dem Stichwort „Selbstfahrer" angeboten. Bareboat ist wohl die häufigste Art des Charterns, weil die Mannschaft dabei unter sich bleibt und damit preismäßig am günstigsten fährt. Die Chartergebühr wird meist gleichmäßig unter den Crewmitgliedern aufgeteilt, der erfahrenste Segler an Bord übernimmt die Funktion des Schiffsführers. Alle zusammen tragen die Verantwortung und übernehmen gemeinsam die Kosten für etwaige Beschädigungen.

Eine andere Möglichkeit: Der Skipper chartert das Boot und sucht sich eine Mannschaft zusammen, unter deren Mitgliedern er die Kosten aufteilt.

Die dritte Möglichkeit. Die Crew chartert das Boot und engagiert sich einen Schiffsführer, der ihr zusagt.

Für Anfänger ist Bareboat-Charter nur geeignet, wenn der Neuling Teil einer erfahrenen Crew ist. Bei Beschädigungen können unerwartet hohe Kosten auftreten, die nicht immer durch eine Versicherung abgedeckt sind.

Mit Skipper: Auch in diesem Fall muß man das ganze Boot und den Skipper chartern. Das kostet natürlich mehr. Der Vorteil: Eine unerfahrene Crew wird von einem Skipper betreut, der mit dem Boot umzugehen weiß und dafür auch die Verantwortung übernimmt. Der Nachteil: Die Mannschaft hat keinen Einfluß auf die Auswahl des Skippers, sie muß sich mit ihm zusammenraufen. Falls er auf die Wünsche nicht eingeht oder nicht eingehen kann, kann das zu Spannungen führen.

Die Erfahrungen des Schiffsführers machen zwar gewisse Mängel im Ausbildungsstand der Crew wett, einige Segelkenntnisse werden dennoch vorausgesetzt, da die Mannschaft den Skipper an Bord unterstützen muß.

Mit Skipper und Crew, auch **mit Skipper und Bootsmann** oder **mit Skipper und Koch**. Sie brauchen nichts mehr zu tun! Man chartert ein Segelboot, samt der dazugehörigen Mannschaft. Die Charterkunden können an Bord freiwillig bestimmte Aufgaben übernehmen, Skipper und Co kommen zur Not aber auch allein zurecht. Der Törn läuft meist nach einem vorbestimmten Programm ab, die Kunden haben kaum noch Einfluß auf die Gestaltung. Je mehr Crewmitglieder an Bord sind, um so umfangreicher ist der Service. Von den Kunden werden keinerlei Segelkenntnisse verlangt, sie dürfen urlaubsmäßig faulenzen. Die Crew kümmert sich um alles, auch um die Zubereitung des Essens. Ist das Boot nicht zu groß, kann man dennoch einen Eindruck vom Segleralltag bekommen.

Mitsegelgelegenheit: Sie können sich gegen einen entsprechenden Barbetrag an einem fremden Törn beteiligen. Meist versucht der Yachteigner, auf diesem Weg einen Teil der Kosten für sein Schiff hereinzubringen, ohne es in fremde Hände geben zu müssen. Manchmal versuchen auch Segler, die das Boot selbst nur gechartert haben, Mitsegler zu gewinnen, um die Mannschaft zu vergrößern und/oder um die Kosten zu senken. Sucht der Schiffseigner Mitsegler, so kann man erwarten, ein gut ausgerüstetes Schiff vorzufinden und einen Skipper, der damit umgehen kann. Allerdings hat man meist nur wenig Einfluß auf die Gestaltung des Törns. Man ist eben ein „Mitsegler". Wenn man sich mit dem Eigner versteht und sich seinen Wünschen anschließen kann, ist dies eine meist sehr preiswerte Möglichkeit, zu einem Segelerlebnis zu kommen.

Problematischer ist die Geschichte, wenn Urlaubssegler Mitsegler suchen. Es könnte ja sein, daß die Qualifikationen des Hobbyseglers nicht den Anforderungen entsprechen oder daß der gute Mann nur jemand sucht, der seine mangelnden Segelkenntnissse und navigatorischen Fähigkeiten wettmacht. Im Normalfall müssen Sie mit folgender Situation rechnen: Ein Ehepaar chartert ein

Segelboot, er ist begeisterter Segler, kommt aber mit dem Schiff allein nicht zurecht, sie ist ihm nur wenig bis gar keine Hilfe. Also suchen die beiden noch so ein Paar, damit der Törn überhaupt durchführbar wird. Anfänger sollten sich auf diese Art des Charterns nicht einlassen. Erfahrene Segler nur dann, wenn sie gerne neue Freundschaften schließen und tolerant genug sind, um mit den neuen Freunden an Bord zusammenleben zu können. In jedem Fall sollte man die Mitsegler schon vor Beginn des Törns kennenlernen, um gemeinsame Interessen abzustimmen. Wenn man sich versteht, kann der gemeinsame Törn wunderschön werden. Wenn nicht …

Hand gegen Koje: In diesem Fall ist das Angebot klar: Der Inserent sucht ein Arbeitstier, einen Helfer an Bord, der keine Heuer (Gage) erhält, aber fürs Mitsegeln auch nichts zu bezahlen braucht. Nichts für einen Anfänger, da die „Hand", wie so ein Mann auf einem Schiff genannt wird, mit den Routinearbeiten an Bord vertraut sein sollte. „Hand gegen Koje" ist ein gute Möglichkeit, kostenlos von A nach B zu kommen, beispielsweise den Atlantik zu überqueren. Deckhands für solche Langzeittörns werden meist von Schiffseignern gesucht, die so vorübergehend ihre kleine Crew aufstocken. In Seglerkreisen kursieren allerdings Geschichten von Deckhands, die wie Leibeigene gehalten wurden und wie Sklaven schuften mußten. Wenn die Geschichten auch übertrieben sind, so ist ein Törn „Hand gegen Koje" sicher kein Honiglecken, sondern ein handfester Job.

Kojencharter: Nein, auch dieses Stichwort im Inserat ist keine Garantie dafür, daß Sie Ihre Koje ganz allein benützen können, es sagt leider nur aus, daß die Chartergesellschaft Kojenplätze auch einzeln verchartert. Das heißt, Sie müssen nicht für ein ganzes Schiff, sondern lediglich für einen einzelnen Kojenplatz bezahlen. Die anderen Plätze werden an andere Kunden vergeben, bis das Schiff voll ist. Oder auch nicht. Wenn Sie Glück haben, dann sind zu Törnbeginn nicht alle Kojen verkauft. Dann können Sie vielleicht wirklich den Luxus einer Doppelkoje allein genießen. Schlimmstenfalls aber ist die Yacht bis auf den letzten Platz ausgebucht, dann müssen Sie die Doppelkoje eben mit jemand teilen, vielleicht sogar mit jemand, der Ihnen von Herzen unsympathisch ist. Klar, daß außerhalb der Hauptsaison die Chancen größer sind, eine Doppelkoje allein zu ergattern.

Aber Achtung! Es gibt Chartergesellschaften, die verrechnen die Koje nicht zu einem Fixpreis, sondern teilen die Kosten für das Schiff durch die Zahl der verkauften Kojen. Das heißt zwar, daß die Chartergebühr immer billiger wird, je mehr Leute mitsegeln – ein Verkaufsargument –, es heißt aber auch, daß Sie sich die gesamte Chartergebühr mit nur zwei Mitseglern teilen müssen, falls sich nicht mehr Leute für den Törn interessieren. Das kann teuer werden! Bei Einzelkojencharter organisiert und koordiniert ein professioneller Skipper die Arbeiten an Bord. Es wird erwartet, daß Sie sich daran beteiligen, auch wenn Sie über keine besonderen Kenntnisse verfügen.

Kabinencharter: Zum Unterschied von Kojencharter werden hier nicht einzelne Betten, sondern Kabinen verchartert. Einzelkabinen sind allerdings auch auf diesen Schiffen selten, daher noch einmal meine Empfehlung: zu zweit auf den ersten Törn gehen!

Verschiedene Arten von Törns

Bei meinem ersten Törn kannte ich zwar alle Mitsegler, aber er verlief trotzdem ganz anders als ich es erwartet hatte. Ich lauerte damals auf eine Chance mitzusegeln und fackelte daher nicht lange, als sich die Gelegenheit bot. Nach dem Motto „es wird schon schief gehen" raffte ich zusammen, was ich für notwendig erachtete, sprang ins Auto und stand kurze Zeit später fassungslos auf der Mole von San Giorgio. Am liebsten hätte ich gleich wieder umgedreht. Ich hatte eine segelfertige Yacht erwartet, und eine urlaubsgelaunte Crew. Statt dessen stand ich inmitten eines unübersichtlichen Haufens von Ersatzteilen und Ausrüstungsgegenständen, das Schiff glich in meinen Augen einem Wrack. Sämtliche Polster waren durcheinandergeworfen, Abdeckungen abgeschraubt, Bodenbretter herausgerissen, so daß man das nackte Gerippe der Yacht sah. Aber ich konnte nicht mehr zurück. Denn ehe ich mich versah, drückte mir einer meiner Mitsegler einen Schraubenschlüssel in die Hand. Als sie meinen verstörten Gesichtsausdruck sahen trösteten sie mich: „Wir sind gleich fertig." Das sagt mein Automechaniker auch immer. Aber zum Unterschied zu ihm schafften sie es wirklich. Da wurde ein Paneel angeschraubt, dort fiel ein Bodenbrett an seinen Platz, die Polster noch zurechtgerückt, und schon sah es unter Deck wieder ganz wohnlich aus.

Wir segelten noch am gleichen Abend, und da merkte ich erst recht, daß ich auf dem „falschen Dampfer" war. Der Urlaubstörn, den ich mir erwartet hatte, entpuppte sich zu einer feuchten Tempobolzerei, auf die ich nicht vorbereitet war. Schon in der ersten Nacht waren meine Decksschuhe pitschnaß – an wasserdichte Stiefel hatte ich nicht gedacht. Ein ähnliches Schicksal ereilte meine Urlaubs-Ausgeh-Garderobe, die ich wohl oder übel hervorkramen mußte, da es in den folgenden Nachtfahrten kälter war als ich je angenommen hatte. Längere Pausen waren nicht eingeplant, also gab es auch kein Kultur- und Besichtigungsprogramm.

Wenn ich so tief in meiner Erinnerungskiste krame, dann nicht um Sie abzuschrecken – dazu besteht kein Grund –, sondern um Ihnen zu demonstrieren, daß Segeltörn nicht gleich Segeltörn ist. Auch das sollten Sie wissen, ehe Sie erstmals daran gehen, ihre Seetüchtigkeit zu testen.

Ausbildungstörn oder **Schulungstörn**: Von dieser Art des Törns war schon die Rede. Während dieser Segeltour werden interessierte Neulinge in die Geheimnisse der christlichen Seefahrt eingeweiht. Der Ausbildungstörn ist die praktische Komponente eines Segelkurses, die Theorie wird vorher oder nachher in der Segelschule absolviert. Da der Lernstoff ziemlich umfangreich ist, wird bei so einem Ausbildungstörn viel gesegelt, verschiedene Manöver werden der Perfektion wegen häufig wiederholt. Da die Kursteilnehmer lernen müssen, ihr Boot in jeder Situation zu beherrschen, wird oft auch bei schlechtem Wetter und starkem Wind gesegelt. Nachtfahrten gehören zum Schulungsprogramm.

Ziel der Ausbildung ist der Erwerb eines Segelscheins, den es in verschiedenen Klassen gibt. Die praktische Prüfung für diesen Segelschein wird im Rahmen eines „Prüfungstörns" abgenommen.

Meilensegeln: Auch das ist etwas für Leute, die sich auf ihre Segelprüfung vorbereiten. Um den begehrten Schein erwerben zu können, muß man nämlich in Deutschland und Österreich den Nachweis erbringen, daß man eine gewisse Anzahl von Seemeilen an Bord eines Segelschiffes zurückgelegt hat. Beim Meilensegeln wird daher versucht, in möglichst kurzer Zeit möglichst viele Meilen abzusegeln.

Urlaubstörn oder **Badetörn**: Bei diesen Segeltörns steht das Urlaubsvergnügen im Vordergrund. Die einzelnen Segeletappen sind meist kurz, so daß das Schiff über Nacht in einem Hafen festmacht oder in einer geschützten Bucht vor Anker liegt. Die Mannschaft hat ausreichend Zeit zum Schwimmen und Baden und für Besichtigungen. Schwerem Wetter versucht man zu entgehen. Manche Charterverträge verbieten es sogar, bei mehr als 6 Windstärken auszulaufen. Urlaubstörn heißt aber nicht, daß man als Segler nicht auf seine Rechnung kommt. Gerade eine ausgeruhte Crew kann es sich leisten, zwischen den einzelnen Zielpunkten hart und konzentriert zu segeln.

Flottillensegeln: Wieder nichts für den wirklichen Neuling. Das Segeln in der Flotte, also zusammen mit anderen Booten, ist für Leute gedacht, die schon Segelkenntnisse haben, aber zu vorsichtig oder zu unerfahren sind, um ganz selbstständig ein Boot zu beherrschen und einen Törn zu organisieren. Flottillensegeln ist daher ideal für Segler, die erstmals selbst ein Segelboot chartern, da sie bei diesem Gemeinschaftstörn über Funk immer Rat und Hilfe vom Begleitschiff einholen können.

Segelneulinge können sich aber an Flottillen-Inseraten orientieren: Solche Törns werden nämlich fast nur in Seegebieten durchgeführt, die keine allzu hohen Ansprüche an die Segelcrews stellen, also genau jene Reviere, die auch für den ersten Törn zu empfehlen sind.

Kaffeetörn: Darunter versteht man einen kurzen gemütlichen Bootsausflug. Wendepunkt so einer Nachmittagssegelei ist meist eine Kneipe, wo man seinen Nachmittagskaffee trinken kann. Daß es nicht unbedingt Kaffee sein muß, ändert nichts am Namen so eines beschaulichen Schlages.

One-way-Törn: Egal ob Badeurlaub oder Ausbildungstörn, wenn das Boot nicht zum Ausgangshafen zurückgebracht werden muß, sondern in einem anderen Hafen abgegeben werden kann, spricht man von einem One-way-Törn. Solche Reisen in eine Richtung sind bei Seglern sehr beliebt, obwohl sie bei der An- und Abreise und bei der Rückgabe des Bootes organisatorische Schwierigkeiten machen. Sie sind deshalb meist auch ein wenig teurer.

Überstellungs- oder **Überführungstörns** sind auch One-way-Törns, mit einem Unterschied. In diesem Fall hat die Crew eine einzige Aufgabe, nämlich ein Boot möglichst schnell an seinen Bestimmungsort zu bringen. Während also beim gemütlichen One-way-Urlaubstörn Landausflüge und nächtliche Aufenthalte zum Programm gehören, sind bei Überstellungstörns Zwischenstopps meist nur zum Bunkern von Treibstoff, Wasser und Lebensmittel eingeplant. Von einer Überstellungscrew wird meist auch erwartet, daß sie sich – siehe meine erste Segelerfahrung – das Boot selbst segelklar macht. Kurz: bei Überstellungscrews wird eine gewisse Erfahrung vorausgesetzt. Auch aus einem anderen Grund: Da private Eigner und Charterfirmen ihre Schiffe meist nicht in der Hauptsaison verlegen, muß eine Überstellungsmannschaft mitunter auch im Winter und bei schlechtem Wetter unterwegs sein. Das ist nicht nur eine Ausrüstungsfrage. Da artet das Segeln mitunter zur Arbeit aus.

Wo also ist der Segelneuling wirklich am besten aufgehoben? Wenn Sie mich fragen: Bei einem Urlaubstörn und bei jedem anderen Törn, bei dem er Teil einer eingespielten und erfahrenen Crew ist. Das kann eine Hobbymannschaft sein, die Sommer für Sommer für sich ein Boot „bare" chartert, das kann eine Überstellungscrew sein, die „den Neuen" oder „die „Neue" mitnimmt, ohne sie allzusehr zu belasten, es kann auch ein Freundeskreis sein, der „mit Skipper" chartert, um die Sorge mit der Schiffsführung los zu sein.

Der Preis

Sicher wird bei allen Überlegungen, die man anstellt, ehe man einen Törn bucht, auch der Preis eine Rolle spielen. Aber es ist, gerade im Chartergeschäft, wirklich schwierig, die einzelnen Angebote miteinander zu vergleichen. Daß ein Törn mit Skipper und Crew wahrscheinlich teurer kommt als eine Woche im Freundeskreis „bareboat", wurde schon erwähnt. Aber selbst wenn man angeblich Gleiches mit Gleichem vergleicht, kommt man nur schwer auf eine aussagekräftige Kalkulation.

Nehmen wir an die Crew A und die Mannschaft B chartern beide bareboat ein 36-Fuß-Schiff, gleiches Baujahr, gleiche Type, gleiche Herstellungsfirma. Deswegen müssen die beiden noch lange nicht zwei gleiche Yachten segeln! Es könnte nämlich sein, daß Crew A ein Boot erhält, das, obwohl im Charterbetrieb, stets professionell gesegelt und gewartet wurde, das einmal pro Jahr zur Inspektion aus dem Wasser kam, dessen Segel regelmäßig, wenn schon nicht erneuert, so doch repariert und nachgenäht wurden, dessen Ausrüstung, von den Kojenpolstern bis zu den Festmacherleinen, in Ordnung gehalten wurde, kurz ein Boot, dem man den Chartereinsatz auch nach Jahren noch nicht ansieht.

Mannschaft B hingegen übernimmt eine verluderte Yacht, die in all den Jahren noch nie zur Inspektion aus dem Wasser war, deren Motor nur Öl und Wasser, aber noch nie einen Service erhalten hat, ein Schiff, bei dem Reparaturen immer nur provisorisch im Schnellverfahren durchgeführt wurden und dessen Ausrüstung nur auf einer fleckigen Liste vollständig existiert.

Nein, der Preis allein ist keine gute Entscheidungshilfe. Da schon eher der Standort der Charterfirma. Sie sollte in Ihrer Heimat, in Deutschland, in Österreich, in der Schweiz, ihren Firmensitz haben, denn es hilft ungemein, wenn man über Vertragsdetails und vor allem über den Preis in der eigenen Muttersprache reden kann. Und sollten Sie wirklich einmal Reklamationen haben, dann tun Sie sich erst recht leichter, ihre Ansprüche geltend zu machen. Zumindest kann man Ihnen nicht mit der simpelsten aller Ausreden kommen, die immer dann herhalten muß, wenn einer der Vertragspartner in einer Fremdsprache verhandeln mußte: „Sie haben mich schlecht verstanden."

Allerdings: Wenn Sie in irgend einem levantinischen Hafen, einsam wie Paulinchen auf seinem Stein, sitzen und weit und breit ist von dem Boot, auf dem Sie anheuern sollen, keine Spur oder der Kahn, den man Ihnen dort anbietet, gleicht einem Seelenverkäufer, auf den nicht einmal ein Abenteurer vom Schlag eines Jack London einen Fuß setzen würde, dann hilft ihnen der Heimvorteil zunächst wenig. Da scheint es besser, wenn man den linken Agenten, der die Badewanne verchartert, gleich beim Schopf packen kann. Denn Telefone sind in diesem Fall sehr geduldig, Chefs dann selten erreichbar und Sekretärinnen ganz und gar unverbindlich.

Aus all diesen Überlegungen lassen sich folgende Idealbedingungen für Ihren ersten Törn herausdestillieren: Kojencharter zu zweit, bei einer namhaften Charterfirma, die ihren Firmensitz in Ihrer Heimat und einen eigenen Stützpunkt im Chartergebiet hat.

Oder: Schließen Sie sich allein oder zu zweit einer Gruppe von Freunden oder Vereinskameraden an, die bereits Chartererfahrung hat. Sie wird Sie am besten in all die kleinen Geheimnisse einweihen, die man kennen muß, damit schon der erste Segeltörn zu einem unvergeßlichen Urlaubserlebnis wird.

Das richtige Boot

Zwei Dinge sind es, die wesentlich zum Gelingen eines Segeltörns beitragen: Die Crew, das sind Ihre Mitsegler, und das Boot.

Bei der Auswahl des Bootes werden Sie als Anfänger wenig mitreden können, wenn es um Seetüchtigkeit, Segeleigenschaften, Handhabung und Ausrüstung geht. In diesen Fragen klaffen oft auch die Meinungen der Fachleute weit auseinander. Aber da Sie nun einmal die Absicht haben, in nächster Zeit ein, zwei Wochen Ihres Lebens auf so einem Ding zu verbringen, dürfen Sie auch Ansprüche stellen. Sie sollen sich ja auch dann noch wohlfühlen, wenn die erste Törn-Euphorie verflogen ist.

In den ersten Stunden, vielleicht sogar in den ersten Tagen ist jedes Segelboot das richtige. Als Anfänger erlebt man in dieser Zeit so viel Neues, daß man auch die völlig ungewohnte räumlich Enge freudig akzeptiert. Fällt sie einem erst auf, ist es meist schon zu spät.

Daher sollten Sie, besonders beim ersten, aber auch bei allen späteren Törns den Grundsatz beherzigen: Wähle nie ein zu kleines Boot.

Dieser Erfahrungsschatz hat absolut nichts mit der metrischen Dimension eines Charterschiffes zu tun. Im allgemeinen dürfen Sie zwar davon ausgehen, daß eine größere Yacht mehr Komfort bietet als eine kleine und daß sich die großen Pötte in schwerem Wetter besser verhalten als die kleinen Nußschalen, das heißt aber nicht, daß nur ein Mega-Kahn den Maxi-Komfort bietet. Sicher nicht! Es kommt eben auf das Verhältnis zwischen Yachtgröße und Anzahl der Mannschaftsmitglieder an. So werden es vier Leute auf einer 34-Fuß-Yacht wahrscheinlich viel bequemer haben, als zehn Leute auf einem in jeder Hinsicht komfortableren 50-Füßer.

Charterschiffe sind nun mal so: Sie sind mit Kojen vollgestopft wie ein Truppentransporter der Kriegsmarine. Werden alle Plätze belegt, herrscht bald die klaustrophobische Enge eines Sklavenschiffes, was unweigerlich zu Reibereien – im wahrsten Sinn des Wortes – führt.

Sie sollten sich daher an die – auch für einen Laien überprüfbare – Faustregel halten, daß bei Charterschiffen bis zu einer mittleren Größe von 44 Fuß mindestens eine Koje nicht belegt wird, bei größeren Schiffen sollten es sogar zwei sein. Das wirkt sich zwar auf den Preis für die einzelne Koje aus, aber glauben

Sie mir, der Platz, den Sie gewinnen, ist das Geld wert. So eine leere Koje schafft nicht nur zusätzlichen Stauraum, sondern bringt jedem einzelnen Crewmitglied die nötige Bewegungsfreiheit. Das Schiff zwickt nicht mehr unter den Achseln, beschrieb einmal ein Charterskipper die Situation, sondern es sitzt locker wie die Urlaubsgarderobe.

Bei vielen Charteryachten wird dieses lockere Gefühl schon erreicht, wenn die Kojen im Salon nicht belegt werden. Stellen Sie sich unter einem Salon nichts allzu weitläufiges vor, der Ausdruck bezeichnet nur den Gemeinschaftsraum unter Deck, dessen Sitzgruppe bei vielen Yachten in ein Doppelbett umgewandelt werden kann. Bei kleinen Yachten kommt man um diese „Salonkojen" nicht herum, bei größeren Charterschiffen aber sollte der Gemeinschaftsraum wirklich frei bleiben. Nicht nur weil es unweigerlich zu Reibereien zwischen denen kommt, die schon oder noch schlafen wollen und denen, die noch spät zusammensitzen oder zeitig frühstücken wollen. Im Salon sind außerdem meist auch der Navigationsplatz und die Pantry, also die Küche, untergebracht. Bei einer allfälligen Nachtfahrt werden daher die Schläfer im Salon ständig durch die Aktivitäten der wachhabenden Crew gestört.

Das geht ungefähr so: Der Wachführer poltert in regelmäßigen Abständen den Niedergang herunter, dreht das Licht an, beschäftigt sich mit der Karte, verständigt sich durch Zuruf mit dem Rudergänger, dreht das Licht wieder aus. Kaum ist er zurück an Deck, scheppert ein schwerer Karabiner eines Live-belts wie ein Glockenspiel über die Niedergangstreppe in den Salon. Der Co des Wachführers schickt sich an, einen Kaffee (oder eine Suppe) zu brauen oder eine paar Brote zu richten. Er dreht das Licht an und klappert (leise, aber unüberhörbar) mit Töpfen. Später, beim Wachwechsel, alle Geräusche auf einmal, aber doppelt so laut. Die scheidende Wache informiert die neue über Standort, Kurs und ähnliches, die Neuen brühen neuen Kaffee auf, die Alten werfen Lifebelts, Ölzeug und Seestiefel ab. Die Neuen poltern an Deck.

Und da sollen vielleicht gerade Sie im Salon schlafen?

Nein!

Erkundigen Sie sich lieber schon bei den ersten Verhandlungen, wie viele Kojen auf Ihrer Charteryacht vorhanden sind und wie viele davon belegt werden. Drängen Sie darauf, daß zumindest der Salon frei bleibt. Ich würde es mir jedenfalls zehnmal überlegen, einen Chartervertrag zu unterschreiben, der mich verurteilt, meinen Urlaub wie eine Sardine in einer Büchse zu verbringen. Ums gleiche Geld kriegt man Bequemeres. Also noch einmal: Suchen Sie sich für Ihren ersten Törn kein zu kleines Schiff aus, vor allem wenn Sie nicht wissen, wie seefest Sie wirklich sind. Eine Yacht so zwischen 10 und 15 Meter gibt dem Anfänger das gewisse Gefühl der Sicherheit und bietet überdies den Komfort, den man sich für einen Urlaubstörn erwarten darf.

Anderseits: Zu groß sollte das Schiff auch wieder nicht sein. Eine Seereise auf einem 25-Meter-Kahn, auf dem Sie als einer von 25 Passagieren von einer Mannschaft umsorgt werden, ist mit einem Segeltörn nicht vergleichbar. Das ist eine Kreuzfahrt in Kleinformat, bei der Sie zwar Seeluft schnuppern können, bei der Sie vielleicht auch seekrank werden, der aber das ganze Flair eines Segeltörns fehlt.

Das richtige Revier

Es kann Ihnen bei einem Segeltörn immer passieren, daß Sie in schlechtes Wetter geraten, daß der Wind pfeift, daß sich die Wellen türmen und sich Ihr Boot durch diesen Hexenkessel kämpfen muß. Der Erlebnishunger verleitet viele Anfänger dazu, von solchen Wetterbedingungen zu träumen.

Tun Sie es nicht!

Meiden Sie bei Ihrem ersten Törn die typischen Starkwindreviere, in denen solche Wetterkapriolen schon rein statistisch häufig sind. Denn jeder halbwegs erfahrene Segler wird Ihnen bestätigen, daß Sturmfahrten nichts Romantisches an sich haben, sondern sehr schnell zu einer nervenaufreibenden und kräfteraubenden Strapaze werden. Da werden auch die härtesten Burschen sehr schnell weich.

Wählen Sie für den Anfang lieber eines von den bekannten Urlaubs- und Schönwetter-Revieren aus. Wenn Sie erst einmal genügend Erfahrungen gesammelt haben, können Sie sich immer noch steigern.

Das Jonische Meer rund um die griechischen Inseln Korfu, Lefkas, Kephalinia, Zakynthos und Ithaka, die Heimat des berühmtesten aller Segler, Odysseus, ist so ein Revier, das dem Anfänger alles bietet, was man von einem Urlaubstörn erwartet: Beständiges Sommerwetter, mäßigen Wind zum Segeln und eine abwechslungsreiche Küstenlandschaft.

Auch die türkische Küste zwischen Marmaris und Antalya erfüllt die Bedingungen eines Anfängerreviers: Stabiles Wetter, Wassertemperaturen, die zum Baden einladen, eine Fülle von romantischen Buchten und Ankerplätzen und jede Mange von historischen Sehenswürdigkeiten.

Ferner die nördliche Adria mit ihren vielen Inseln, darunter die berühmten Kornaten, die mit zahlreichen Marinas voll für den Segelsport erschlossen ist.

Wer's nicht ganz so sommerlich haben muß und vielleicht sogar die Hitze scheut, dem kann auch die sommerliche Ostsee mit den dänischen und schwedischen Inseln als Einsteigerrevier empfohlen werden und selbstverständlich die holländischen Binnenreviere, die gleichfalls durch gut ausgestattete Hafenanlagen voll auf den Yachtsport eingestellt sind.

In allen genannten Revieren liegen die Häfen und Ankerplätze so dicht beisammen, daß man sie ohne aufwendige Navigation in bequemen Tagesetappen erreichen kann, ein großer Vorteil für alle, die vielleicht gegen die Seekrankheit ankämpfen müssen.

Die beste Jahreszeit

So wie nicht jedes Revier, so ist auch nicht jede Jahreszeit wirklich zum Segeln geeignet. Zwar gibt es Segler, die weder durch Kälte noch durch Regen oder Starkwind von einem Törn abzuhalten sind und auch zur Winterszeit keine Ruhe geben, für solche Törns ist aber eine gehörige Portion Erfahrung und eine erstklassige Ausrüstung erforderlich. Als Anfänger sollten Sie sich möglichst an die Segelsaison halten, denn außerhalb der Sommermonate kann es auch in den genannten Einsteigerrevieren ziemlich ruppig zugehen.

Aber: Wenn es Ihnen irgendwie möglich ist, meiden Sie in den südlichen Revieren – Adria, Jonisches Meer, türkische Küste – die Monate Juli und August. Ein Grund dafür ist das Wetter. In diesen Gebieten kann es im Hochsommer wirklich unerträglich heiß werden, so daß es auch draußen auf dem Wasser kaum auszuhalten ist. An Deck eines Segelbootes gibt es um die Mittagszeit kaum einen Schatten, dadurch heizt sich das Boot so auf, daß auch unter Deck Saunatemperaturen herrschen.

Im Mai und Juni ist das Wetter angenehmer, dafür kann es passieren, daß das Meer zum Baden noch zu kühl ist. Im September und Oktober ist das Meer noch warm und die Sonne sticht nicht mehr – die schönste Zeit für einen Segeltörn.

Allerdings – und auch das sollte man bedenken – in Herbst werden die Tage schon wesentlich kürzer, daher ist eine genauere Planung der Tagesrouten notwendig. Aber ein lauer Abend in einem gemütlichen Lokal entschädigt für die entgangenen Segelstunden.

Der zweite Grund, warum Sie Juli und August meiden sollten: Während der Hauptferienzeit sind einfach zu viele Segler unterwegs. Die beliebten Häfen sind fast immer überfüllt und auch die als einsam beschriebenen Ankerbuchten müssen Sie sich mitunter mit zehn oder zwanzig anderen, nicht immer rücksichtsvollen Seglern teilen. In der Vor- oder Nachsaison haben Sie die ganze Bucht wahrscheinlich für sich allein.

Wie lange soll der erste Törn dauern?

Für einen begeisterten Segler kann ein Törn gar nicht lange genug dauern. Am liebsten würden Sie, wie weiland Odysseus, jahrelang in der Weltgeschichte herumzigeunern und dann immer noch eine Woche anhängen wollen.

Die Anfänger unter den Argonauten denken noch nicht in solchen Dimensionen. Sie müssen sich für ein verlängertes Wochenende, für eine Woche oder für einen 14-Tage-Törn entscheiden.

Wenn sich die Gelegenheit zu einem Schnuppertörn ergibt, dann sollten Sie auf jeden Fall zugreifen. Bei so einem Kurztörn können Sie immerhin testen, wie seefest Sie sind, ob Sie seekrank werden und ob Ihnen das ganze Leben an Bord überhaupt Spaß macht. So ein Weekend-Törn ist ungefähr so, als würden Sie mit jemand, der Ihnen sympathisch ist, ein wenig flirten. Um ein echtes Verhältnis draus zu machen braucht es mehr.

Also eine Woche. Oder?

Eine Woche ist gut. In einer Woche an Bord kriegt man schon mit, worum es bei der Segelei geht, in einer Woche kann man schon unterschiedliche Wind- und

Wetterverhältnisse erleben, in einer Woche bildet sich schon so etwas wie eine Bordgemeinschaft, in einer Woche kann man schon eine schöne Runde absegeln. Und eine Woche kann man durchstehen, auch wenn man am zweiten oder dritten Tag dahinterkommt, daß man beim Urlaub auf dem Bauernhof besser aufgehoben wäre.

Ja, eine Woche ist gut, vorausgesetzt die Anreise ins Törngebiet und zurück dauert nicht zu lange.

Wenn Sie aber 24 strapaziöse Stunden auf der Autobahn unterwegs sind, ehe Sie Ihren Seesack an Deck werfen können, wenn Sie dann noch einmal einen Tag in einem engen Kanal motoren müssen, ehe Sie im offenen Wasser Segel setzen können, wenn Ihnen also am Anfang und am Ende des Törns je zwei Tage abgezwackt werden, dann wird ein einwöchiger Törn nicht viel bringen. Vor allem keine Erholung.

Auch die Kosten sind ins Kalkül zu ziehen. Ein teurer Flug, etwa in die Karibik, zahlt sich doch für eine Woche kaum aus. Sogar bei einem preiswerten Flug in die Türkei kostet der Fisch mehr als das Fleisch, sprich das Flugticket mehr als die Chartergebühr. Bei zwei Wochen schaut die Bilanz schon freundlicher aus. Doch was ist, wenn Sie die Schaukelei wirklich nicht vertragen? Sind Sie dann zu 14 Tagen Strafsegeln verurteilt? Nehmen Sie sich ein Zimmer und verbringen Sie einen schönen Urlaub am Strand, rate ich allen, die derartige Bedenken haben, doch bis heute hat sich noch keiner meiner Charterkunden vorzeitig absetzen lassen.

Informationen übers Schiff

Wenn Sie sich für einen Segelurlaub interessieren, wird man Ihnen, zusammen mit Prospekten und Verträgen, sicher auch einen Einrichtungsplan „Ihrer" Yacht überreichen. Es ist gar nicht schwer so einen Plan zu lesen, da sie alle nach dem gleichen Schema gezeichnet sind. Haben Sie erst einmal den Blick für die einzelnen Symbole geschärft, so können Sie sich sehr schnell ein Bild über Ihre Charteryacht machen und können selbst feststellen, wie viele Kojen vorhanden und wie sie angeordnet sind.

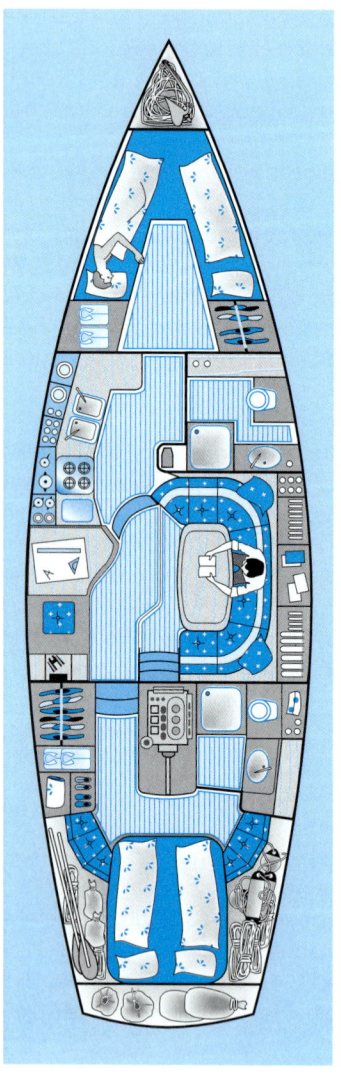

So oder ähnlich sieht das Innenleben einer etwas komfortableren Fahrtenyacht aus: Vorne, in der Bugspitze, der wasserdicht abgeschottete Ankerkasten. Anschließend die Vorschiffskajüte mit zwei V-förmigen Kojen. Häufig auch durch Einsetzen eines Mittelkeils in eine große Doppelkoje zu verwandeln. Hinter den Kopfenden Kleiderschränke. Anschließend (hier an Steuerbord, der, von hinten gesehen, rechten Seite) die abgeschlossene Naßzelle mit Dusche und WC. Auf der gegenüberliegenden Seite die Pantry mit Spülen, mehrflammigem Herd, Kühlschrank und darüber dem Stauraum für Töpfe und Geschirr. Aufenthaltsraum ist der Salon. Hier mit einem Rundsofa an Steuerbord. Dahinter Schrankraum. Manchmal läßt sich der Tisch absenken und das Sofa in eine große Doppelkoje umwandeln. Manchmal gibt es im Salon auch noch eine Etage über dem Sofa eine Koje. Gegenüber an Backbord (der, von hinten gesehen, linken Seite) die Navigation mit Kartentisch und elektronischen Anzeigeinstrumenten. Vom Salon führen ein paar Stufen – der Niedergang – hinauf ins Cockpit. Darunter der Motor. In der Achterkajüte, neben dem Einstieg, Kleiderschrank und Ablagen. Gegenüber, an Steuerbord, neben dem Motorraum, die Naßzelle mit WC und Dusche. Den übrigen Raum nimmt ein großes Doppelbett – manchmal auch zwei – ein. Neben der Achterkabine rechts und links die sogenannten Backskisten, vom Cockpit aus zugängliche Stauräume für Leinen, Fender und alles mögliche Ausrüstungszubehör.

Der nebenstehende Einrichtungsplan soll Ihnen zunächst einmal einen etwas anschaulicheren Eindruck von den Räumen und der Aufteilung unter Deck vermitteln. So detailliert sind die Einrichtungspläne in den Prospekten leider höchst selten. Sehr wahrscheinlich werden Sie sich auf einer so kleinen Zeichnungen, wie in den beiden weiteren Abbildungen, zurechtfinden müssen. Beim Lesen so eines Einrichtungsplanes werden Sie sich am leichtesten tun, wenn Sie mit den Bug- und Achterkojen beginnen. Dort zeigen Ihnen entweder die eingezeichneten „Kopfkissen" oder einfach die Breite der Matratze an, ob es sich um eine Einzel- oder Doppelliege handelt.

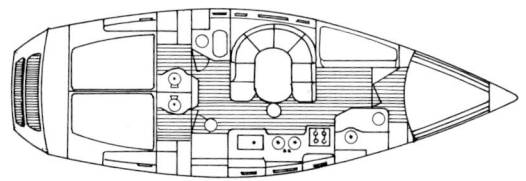

Hier handelt es sich um eine Sun Odyssey 42, eine 12,50 Meter lange, typische Charteryacht. Die Kojen sind einfach nur weiß eingezeichnet. Beachten Sie die hinter den Bugkojen liegende Kajüte mit den übereinanderliegenden Einzelkojen auf der linken (Backbord-) Seite. Im Spiegel hinten eine Heck- oder Badeplattform.

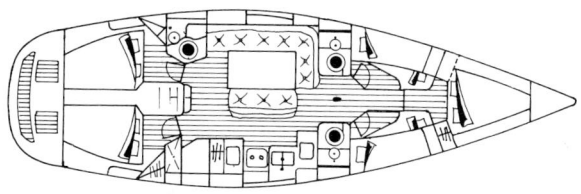

Eine Gib Sea 472, ein großes, 14,20 Meter langes Charterschiff. Auch hier gibt es im Vorschiff insgesamt 3 Kajüten mit 6 Kojen, nämlich einer Doppelkoje im Bug und dahinter zwei Kabinen mit übereinanderliegenden Einzelkojen. Dieses Schiff bietet 10 Personen Platz, ohne daß der Salon belegt wird. Ebenfalls mit Heckplattform für einen bequemen Einstieg.

Was Sie auf einer Segelyacht erwartet

Wenn Sie noch nie an Bord einer Segelyacht waren, können Sie nur eine sehr vage Vorstellung davon haben, wie so ein Schiff eingerichtet ist und was Sie an und unter Deck erwartet. Denn wenn das Fernsehen schon einmal über Regatten oder andere Segelveranstaltungen berichtet, dann zeigt es meist nur die Yachten von außen, bei Manövern unter Segel, selten aber kann man einen Blick unter Deck werfen. Und der wäre auch nicht typisch, denn Rennyachten sind, wegen der Gewichtsersparnis, viel spärlicher eingerichtet als die doch sehr wohnlichen Charterboote.

Der Begriff „wohnlich" ist allerdings mehr optisch zu verstehen, denn wenn Sie das Platzangebot auch eines großen Segelbootes – 15 Meter lang, 4 Meter breit – durch die Anzahl der Crewmitglieder dividieren, dann bleibt zum Wohnen für den einzelnen nicht sehr viel Platz. Aber das sollte Sie nicht schrecken. Denn obwohl Ihr rechnerischer Anteil an der Wohnfläche vergleichsweise gering ist, werden Sie selbst auf einem kleinen Boot immer eine Ecke finden, in die Sie sich zurückziehen können. Dank der geschickten Raumausnützung sind nämlich heute auch schon kleine Schiffe in Kabinen unterteilt, so daß Sie auch mal ein Türe hinter sich schließen können, wenn Sie ein Stündchen allein sein wollen. Das ist wichtig.

Allerdings: die Zwischenwände auf so einem Schiff sind dünner als in einem Kommunalbau aus der Nachkriegszeit. Sie bestehen aus Sperrholz, das zwar vor neugierigen Blicken schützt, aber nur wenig schallisolierend wirkt. Es ist daher unvermeidlich, daß Schnarch- und andere, durchaus menschliche Geräusche auch außerhalb der Kabine zu hören sind. Das kann lustig sein, das kann störend sein, in den meisten Fällen wird es von allen Crewmitgliedern ignoriert. Trotzdem ist es vielen Bordneulingen peinlich. Aber die meisten finden sehr schnell eine Methode, um die Situation gekonnt zu überspielen: Sie benützen beispielsweise die Toilette nur so lange der Motor läuft oder sich kein anderes Crewmitglied unter Deck aufhält. Die Scheu vor dem Menschlichen

legt sich aber meist schon im Laufe des Törns, dann nämlich, wenn man gewisse persönliche Schranken abbaut und dahinter kommt, daß auch andere Menschen – menscheln.
Sieht man einmal von der räumlichen Enge ab, so läßt es sich auf einem modernen Segelboot durchaus leben. Die Konstrukteure verstehen es, durch neue, raffinierte Tricks immer mehr Komfort auch in die kleinste Nußschale zu pressen, so daß der Vergleich mit einem Hotelzimmer durchaus zulässig ist. Zumindest auf dem Papier. In der Praxis muß man schon Abstriche machen. Bei einem unbefangenen Neuling könnte eine Yachtbeschreibung, in der Toiletten, Dusche, Kühlschrank und Gasherd mit Backrohr wie selbstverständlich aufgezählt werden, den Eindruck von Villenkomfort aufkommen lassen, oder zumindest Gedanken an ein bescheidenes Wochenendhäuschen wecken. Beides ist unrichtig, denn Yachtkomfort ist anders. Nicht schlechter, nur anders!

Die Toilette

Die Toilette etwa ist gewöhnungsbedürftig. Die Muschel – kleiner als üblich – läßt sich nicht einfach mit Salzwasser spülen, sondern alles was sich darin befindet muß abgepumpt werden. Dazu gibt es neben dem Sitzbrett einen Pumpengriff und einen kleinen Hebel. Zeigt dieses Hebelchen nach einer Seite – Anleitung vorhanden – so wird Meerwasser zum Spülen in die Muschel gepumpt und auch gleichzeitig abgesaugt. So läßt sich die Muschel reinigen. Hat man genug gespült, so wir der Hebel umgelegt, so daß kein Wasser mehr angesaugt, sondern nur noch die Muschel leergepumpt wird. Bei manchen Schiffen wird der Inhalt direkt ins Meer gelenzt, bei umweltbewußten Modellen in einen Fäkalientank, dessen Inhalt im Hafen (oder auf hoher See) entsorgt wird. Yachttoiletten haben aber noch eine Besonderheit: Da Pumpe und Schlauch sehr schwach dimensioniert sind, verstopfen sie sehr leicht. Hüten Sie sich also davor, irgendwelche Dinge in die Toilette zu werfen. Der Skipper wird es Ihnen danken. Das gilt vor allem für Damen, die gerne Tampons oder Hygienebinden über die Toilette entsorgen. Ich mußte auch schon einmal wegen einer einzigen Weinbeere, die achtlos in die Toilette geworfen wurde, die Anlage zerlegen. Und das ist, Sie werden es verstehen, kein angenehmes Geschäft.

Viele Skipper halten Ihre Chartergäste deshalb dazu an, nicht einmal Toiletten-papier in die Muschel zu werfen, sondern legen dafür einen Nylonbeutel bereit, der bei jedem Landfall entsorgt wird. Noch besser ist es, überhaupt kein Papier zu gebrauchen, sondern nach arabischer Art die Dusche zum Säubern zu ver-wenden. Ein nur zu diesem Zweck bereitgehaltener Waschlappen und ein Trockentuch erweisen sich dabei als nützlich.

Die Dusche

Die erwähnte Dusche ist meist im Waschbecken neben der Toilette integriert, das heißt, der Hahn läßt sich an einem Schlauch aus seiner Halterung im Waschbecken ziehen.

Auf vielen Schiffen braucht man auch auf heißes Wasser nicht zu verzichten. Es wird meist mit dem Kühlwasser des Motors erwärmt. So verlockend so eine Dusche auch sein mag, mit dem Wasser sollten Sie auf jedem Schiff sparsam umgehen. Niemand wird es Ihnen verargen, wenn Sie sich abends kurz den Schweiß vom Köper waschen oder das Salz aus den Haaren spülen. Doch Sie werden sich sehr schnell unbeliebt machen, wenn Sie Wasser verpritscheln. Denn die Tanks dafür sind klein und Nachschub ist, gerade im Süden, oft schwer zu bekommen.

So wie bei der Toilette muß auch alles Wasser, das aus der Dusche rinnt, aus dem Schiff gepumpt werden. Meist wird es erst in einem Duschbecken unter dem Gitterrost gesammelt, von wo es dann mittels Handpumpe oder elek-trisch abgepumpt wird. Das heißt, Sie müssen nach dem Duschen den Pump-hebel betätigen oder zumindest Ihren Finger auf einen Knopf pressen.

Elektrische Systeme

Alle elektrischen Pumpen – also auch die, die das Wasser in die Dusche oder in den Wasserhahn befördert – müssen zunächst über einen Hauptschalter aktiviert werden. Der befindet sich auf der Schalttafel über dem Navigations-platz, der Schaltzentrale des Schiffes. Wenn Sie also unter der Dusche stehen und es kommt kein Wasser, so kann das zwei Ursachen haben. Die erste: der Tank ist leer, die zweite: die „Druckwasserpumpe" ist nicht in Betrieb. Gleiches gilt für die „Duschbeckenpumpe". Sie können den Finger noch so lange auf den Knopf in der Naßzelle pressen, so lange der Schalter Duschbeckenpumpe in der Navigation nicht auf „ein" steht, wird sich nichts rühren. Nach dem Wasserleitungsprinzip funktioniert auch die ganze Stromversorgung an Bord. Jeder einzelne Stromkreis muß per Schalter von der Navigation aus aktiviert werden, erst dann lassen sich Deckenlichter und Lämpchen andrehen. Auf größeren Schiffen gibt es daher zwei oder drei Schalter in der Navigationsecke, mit denen die Stromkreise im Vorschiff, im Salon und im Achterschiff unter Spannung gesetzt werden.

So wie mit dem Wasser sollten Sie auch mit der elektrischen Energie sparsam umgehen. Der „Saft" reicht nur für eine begrenzte Zeit und es dauert lange, bis die Lichtmaschine am Motor die Batterien wieder aufgeladen hat. Wundern Sie sich also nicht, wenn der Skipper Stromsparmaßnahmen verfügt, das heißt, daß er etwa den Kühlschrank nur einschaltet, wenn auch der Motor läuft – Ihr kühles Bier ist deshalb noch nicht gefährdet.

Der Stauraum

Was immer Sie auf Ihren ersten Törn mitzunehmen gedenken, stellen Sie sich darauf ein, das der Stauraum für Ihre persönliche Garderobe wirklich knapp bemessen ist. Auch wenn Sie auf dem Einrichtungsplan Kästchen („Schapps") sonder Zahl entdeckt haben, heißt das noch lange nicht, daß Sie auch alle benützen können. Viele davon sind mit Schiffsausrüstung (oder auch nur mit Kram) vollgeräumt, manche sind für Garderobe nur bedingt geeignet, weil sie bei Schräglage mit Bilgenwasser benetzt werden können, andere, wie etwa die unter Ihrer Matratze, sind nur schwer zugänglich.

Das Platzangebot

Bei allen Erwartungen, die Sie in Ihren ersten Sommer-Sonne-Urlaubssegel-
törn setzen, sollten Sie sich darüber im klaren sein, daß Ihr Segelboot kein
Kreuzfahrtschiff ist und auch nicht mit Kreuzfahrtluxus aufwarten kann. Sieht
man von Ausnahmen ab, so gibt es auf Segelschiffen keinen Platz um einen
Liegestuhl aufzustellen, ja selbst der Platz für Luftmatratzen – von denen ich
ohnedies abrate – oder für Liegetücher ist sehr beschränkt.
Bei ruhiger See kann sich die Mannschaft zwar über das ganze Schiff verteilen,
unter Segel oder bei schlechtem Wetter aber ist der Aufenthalt auf dem Vorschiff gefährlich. Dann drängt sich alles im Cockpit (der Plicht) zusammen und
man beginnt die körperliche Nähe zu spüren.
Unter Deck ist die Situation ähnlich. Sollten sich alle Crewmitglieder gleichzeitig im Salon aufhalten, so müssen Sie mit einem beklemmenden Gedränge
rechnen. Aber auch damit, daß sich ein Crewmitglied die nasse Kleidung vom
Körper schüttelt, während Sie daneben gerade frühstücken. Die Kabinen sind
oft so knapp bemessen, daß man mitunter schon beim Sockenanziehen an die
Öffentlichkeit treten muß.

Die Seetüchtigkeit

Es ist seltsam, daß gerade in unserer körperbewußten Zeit die Probleme des
Zusammenlebens an Bord die Menschen viel mehr bewegen als etwa die Frage,
wie seetüchtig so ein Segelschiff ist. Und ich habe schon mehrere Leute, männ-
lich und weiblich kennengelernt, denen die körperliche Nähe an Bord mehr
Kopfzerbrechen bereitet hat, als die Angst, das Schiff könnte kentern.
Die Frage, ob denn so ein Segelboot kentern und sinken könnte, wird meist
erst gestellt, wenn der Wind schon in den Wanten pfeift und Meerwasser das
Deck überspült. Die ehrliche Antwort auf diese Frage kann nur lauten: Ja, auch
Segelyachten können kentern, auch Segelyachten können sinken.
Das sollte Sie aber nicht beunruhigen und schon gar nicht davon abhalten,
einen Segeltörn mitzumachen. Denn es müssen schon sehr widrige Um-

stände eintreten, um eine Yacht zum Kentern oder zum Sinken zu bringen. Es ist viel wahrscheinlicher, daß Sie bei der Anreise zu Ihrem Törn in einen Verkehrsunfall verwickelt werden, als daß Sie während der sommerlichen Seereise in eine Situation kommen, in der Sie wirklich um Leben und Boot fürchten müssen.

Vereinfacht gesagt funktioniert so ein Segelboot wie ein Stehaufmännchen: Schwert oder Kiel halten nicht nur das Boot auf Kurs und wirken einer seitlichen Abdrift entgegen, sondern sie halten durch ihr Gewicht auch das Boot aufrecht. Der Ballast, der sozusagen unten am Bootskörper hängt, wirkt gegen den Druck des Windes auf die Segel. Je weiter dieses Gewicht aus der Senkrechten geschwenkt wird, um so stärker beginnt es zu wirken. Das können Sie selbst an einem Glöppel, einem Glockenschwengel ausprobieren: ihn etwas aus der Mittellage zu drücken, ist ein Kinderspiel, ihn bis zum Rand der Glocke zu bewegen fast unmöglich.

Auf ein Segelboot übertragen heißt das: das Schiff wird sich zwar auch schon bei wenig Wind etwas zur Seite neigen, wird aber immer behäbiger, je mehr es krängt (sich zur Seite legt). Gleichzeitig bietet das Segel dem Wind immer weniger Angriffsfläche, je weiter sich der Mast neigt. Käme es so weit, daß das Segel parallel zum Wasser liegt, würde der Wind nur noch wirkungslos darüberstreichen. Gleichzeitig aber würde nach den Gesetzen der Physik der Ballast maximal wirksam werden und das Boot wieder aufrichten.

Das sind keine theoretischen Überlegungen – so etwas ist schon wiederholt vorgekommen. Es ist sogar passiert, daß Yachten durchgekentert sind, das heißt, daß der Mast durch das Wasser gegangen ist und das Schiff kieloben lag, ehe es sich wieder aufrichtete – aber es ist unwahrscheinlich, daß Ihnen so etwas bei einem sommerlichen Chartertörn passiert. Zum Kentern und gar zum Durchkentern gehört nämlich nicht nur der entsprechende Sturm, sondern auch die Rollbewegung der Wellen. In den Charterrevieren sind solche Wind- und Seeverhältnisse kaum bis gar nicht möglich, außerdem würde jeder verantwortungsvolle Charterskipper beim Aufkommen eines solchen Sturmes die Segel reffen und schleunigst den nächsten schützenden Hafen anlaufen.

Aber, noch einmal ohne Wenn und Aber gesagt: es ist möglich, daß ein Segelboot kentert. Und es kann auch sinken. Wenn es voll Wasser läuft, etwa durch ein Leck, das nicht abgedichtet werden kann, geht es unter. Dann können Sie wirklich nur hoffen, daß das Rettungsboot rechtzeitig klargemacht werden kann.

Zu Ihrer Beruhigung muß aber auch gesagt werden, daß sich in der Praxis Segelboote als erstaunlich seetüchtig erwiesen haben. Selbst Boote, die von Ihrer Mannschaft im schweren Sturm aufgegeben wurden und führerlos auf dem Meer trieben, überstanden das Unwetter, ohne größeren Schaden zu nehmen.

Was Segelboote nicht können

Es wurde schon darauf hingewiesen, daß Segelboote keine Kreuzfahrtschiffe sind und ein Segeltörn nicht mit einer Kreuzfahrt verglichen werden kann. Daran ist der Wind schuld oder die Physik – wenn Sie so wollen. Segelboote müssen sich nämlich nach dem Wind richten. Und der weht nicht immer aus der gewünschten Richtung und nicht immer in der gewünschten Stärke. Er frischt auf, das heißt er wird stärker, oder er flaut ab, er ändert die Richtung oder schläft ganz ein.

Alle diese Veränderungen führen dazu, daß hinter allen Berechnungen, die der Skipper über Route und Ankunftszeit anstellt, immer ein großes Fragezeichen bleibt. Denn wie ein Auto im Stadtverkehr stecken bleiben kann, so bleibt ein Segelboot in einer Flaute liegen. Ohne Wind geht nichts, es sei denn, man nimmt den Motor zu Hilfe. Und häufiger als Sie mit dem Auto Umleitungen fahren, werden Sie mit einem Segelboot aufkreuzen müssen, denn gegen den Wind kann man nicht segeln. Das heißt, daß Sie in einem Winkel von etwa 45 Grad zur eigentlichen Kurslinie, einmal nach der einen, dann wieder nach der anderen Seite, segeln. Das ist ein enormer Umweg, der alle Berechnungen über die Ankunftszeit über den Haufen wirft.

Der langen Schreibe kurzer Sinn: Mit einem Segelboot ist es sehr schwer, einen Fahrplan einzuhalten. Auch wenn der Törn noch so sorgfältig geplant wurde, kann es passieren, daß Sie gewisse Zielorte verspätet oder gar nicht erreichen. Das kann mitunter recht ärgerlich sein.

Ich erinnere mich an einen Törn, bei dem ein fixer Programmpunkt die feierliche Prozession sein sollte, die alljährlich am 15. August im griechischen Wallfahrtsort Tinos auf der gleichnamigen Kykladeninsel stattfindet. Obwohl wir Zwischenfälle einkalkuliert hatten, schafften wir es einfach nicht rechtzeitig. Ein Tag ging durch eine kaputte Lichtmaschine verloren, der zweite, entscheidende, durch einen Nordsturm, der es uns unmöglich machte, nach Tinos aufzukreuzen. Wir kamen erst am 16. an, und da war alles vorbei.

Ähnlich erging es einer guten Bekannten, die dreimal bei mir angeheuert hat, um endlich einmal Santorin zu sehen. Jedesmal war der Besuch der Vulkaninsel im Törnprogramm, aber bei keiner der drei Touren haben wir die Insel erreicht. Pech gehabt.

Die schönen Seiten des Segelns

Allerdings, und jetzt kommen wir zu den schönen Seiten des Segelns, werden Sie mit Ihrer Charteryacht Orte und Plätze kennenlernen, die Auto- und Bustouristen und sogar Kreuzfahrtpassagieren verwehrt bleiben: Einsame Buchten, die nur von See aus zu erreichen sind, Traumstrände, die man ohne Boot nur nach einem tagelangen Fußmarsch erreichen kann, urtümliche Ortschaften, die an Land nur über einen Eselspfad die Verbindung zur Zivilisation aufrecht erhalten.

Sie sind nicht mehr darauf angewiesen, in einer anonymen Bettenburg als Gast von Zimmer 213 Ihren Urlaub abzusitzen. Sie brauchen sich am Strand nicht um einen Liegeplatz zwischen einer Großfamilie und einem Schmusepärchen zu streiten. Sie sind nicht gezwungen, Abend für Abend das gleiche, weil einzige Lokal in ihrer Hotelsiedlung zu besuchen. Anker auf! Und alles ist vergessen.

Und Sie werden einen ganz neuen Eindruck von all den Hafenstädten gewinnen, die Sie vielleicht schon einmal auf dem Landweg kennengelernt haben. Sich solchen Städten von See her zu nähern, heißt ihre schönste Seite kennenlernen. Denn früher, als diese Städte gebaut wurden, bildete der Hafen den Mittelpunkt des städtischen Lebens, von der See her kamen Waren, Händler und Reichtum. Daher hat sich auch in dieser Richtung die Stadt mit ihrer Schokoladenseite präsentiert. Die Autostraße, die heute in die Stadt führt, zeigt Ihnen dagegen nur den Hinterhof.

Sie werden Bekanntschaft mit einem ganz neuen Urlaubsgefühl machen, mit einem Lebensstil, bei dem Zeit keine Rolle spielt. Denn auch wenn Sie noch so drängen und noch so ungeduldig sind, das Schiff wird gleichmäßig seine Bahn ziehen. Sie können nicht Gas geben, nicht beschleunigen. Die Yacht bleibt bei ihrem gemächlichen Tempo.

Das ist ansteckend. Selbst die nervösesten Managertypen lernen plötzlich ohne Uhr, ohne Radio, ohne Fernsehen, ohne Zeitung zu leben. Hunger und Durst bestimmen den Lebensrhythmus. Abenteuer kommen nicht mehr second-hand aus der Konserve, sondern werden live miterlebt.

Und es werden persönliche Beziehungen aufgebaut. An Bord sind Sie nicht irgendein Gast, auch nicht die Göre aus Kabine 3, sondern, egal ob Mann oder Frau, von der ersten Sekunde an ein Mitglied der Crew. Sie werden akzeptiert so wie Sie sind, mit ihren Schwächen und Gebrechen. Sie sind kein passiver Zahler und Zuschauer, sondern ein aktiver Mitarbeiter. Sie gehören, noch bevor Sie den Fuß an Deck setzen, dazu. Auf einem Segelboot sind Sie, was Sie in einem noch so familiären Hotel nie sein können, ein Teil der Mannschaft, mit Rechten und mit Pflichten.

Was man man von Ihnen an Bord erwartet

Es ist durchaus nicht so, daß Sie als Neuling an Bord nur herumsitzen oder gar nur im Wege stehen. Auch wenn Sie ohne jede Segelerfahrung sind, erwartet man von Ihnen, daß Sie vom Anfang an bereit sind, gewisse Aufgaben selbstständig zu übernehmen oder anderen an die Hand zu gehen.

Es gibt vieles, was auch ein unbeleckter Neuling erledigen kann. Sie brauchen zum Beispiel keinen Segelschein, um beim Wasserbunkern einen Schlauch zu bewachen und den Hahn abzudrehen, wenn der Tank voll ist. Sie können helfen, beim Einkauf die Taschen zu schleppen, ohne ein Kapitänspatent zu besitzen, und um beim Segelsetzen an einem Fall zu ziehen, sind keine Vorkenntnisse in Segelkunde vonnöten.

Aber vielleicht haben Sie, von Ihrer Veranlagung, von Ihrer Ausbildung her, ganz andere Fähigkeiten, mit denen Sie sich an Bord nützlich machen können. Sind Sie vielleicht ein geschickter Mechaniker? Dann könnten Sie doch zumindest versuchen, die kleine Wasserpumpe unter der Spüle wieder in Gang zu setzen, oder Sie könnten den täglichen Routine-Check an der Maschine durchführen: Sichtkontrolle, Wasser, Öl, Keilriemen ...

Oder haben Sie eine gute Hand im Umgang mit Geld? Dann könnten Sie doch ehrenamtlich und treuhänderisch die Bordkasse verwalten.

Sind Sie im Umgang mit Elektrik und Elektronik versiert? Dann erwartet man fast von Ihnen, daß Sie zumindest das kleinste von Ihren Prüfgeräten und den einen oder anderen von diesen Spezialschraubenziehern in Ihrem Gepäck haben. Denn Sie werden doch nicht zuschauen, wie sich Dilettanten plagen, wo Sie den Fehler schon von weitem sehen.

Mit Kochkenntnissen gar sind Sie auf jeder Yacht willkommen. Man würde es Ihnen nie verzeihen, wenn Sie mit Ihren Kochkünsten hinter den Berg hielten. Und wenn es schon zum Kochlöffelschwingen nicht reicht, dann zumindest um ein paar Brote zu streichen oder sich um die Getränke zu kümmern.

Oder vielleicht können Sie sich mit Ihren Sprach-, beziehungsweise Ortskenntnissen nützlich machen. Sie könnten doch den Part des Fremdenführers übernehmen, sich an Hand von Büchern das nötige Wissen verschaffen, das Sie dann an die anderen Crewmitglieder weitergeben.

Aber ganz abgesehen davon, gibt es an Bord auch eine ganze Menge Dinge, die jeder sehr schnell lernen kann: Rudergehen, das heißt die Yacht zu steuern, Segel setzen und bergen, eine Schot über die Winsch dichtholen, Leinen belegen ... Für den Interessierten gibt es immer etwas zu tun. Denn wie heißt es so schön in einem Scherzwort: An Bord wird jeder gebraucht und sei es nur als Ballast.

Mit anderen Worten: auch von Ihnen erwartet man, daß Sie ihre Fähigkeiten, egal auf welchem Gebiet sie liegen, zur Verfügung stellen, daß Sie zupacken, kurz, daß Sie etwas zum Bordleben beitragen.

Für introvertierte Einzelgänger ist ein Segeltörn nicht das Richtige.

Die große Vorbereitung auf einen Seetörn

Je besser Sie vorbereitet sind, je weniger „Überraschungen" Sie an Bord erleben, um so mehr Spaß wird Ihnen Ihr erster Törn machen. Versuchen Sie daher, möglichst detaillierte Antworten auf all die Fragen zu bekommen, die sich unwillkürlich ergeben, je näher der Törnbeginn rückt. Am besten läßt sich das bei einer Törnbesprechung erledigen, an der alle Crewmitglieder und der Skipper teilnehmen sollten. So ein Crewtreffen ist außerdem eine gute Gelegenheit, die Mitsegler kennenzulernen, erste Kontakte zu knüpfen und zusammen mit dem Skipper allfällige Probleme aus der Welt zu schaffen. Bringen Sie zu dieser Besprechung Schreibzeug mit, damit Sie die wichtigsten Dinge notieren können.

Gibt es für Ihren Törn keine Crewbesprechung, etwa weil Sie bei irgend einer Chartergesellschaft einfach eine Koje gebucht haben, dann löchern Sie den Veranstalter so lange, bis er Ihnen zumindest einen Großteil der folgenden Fragen beantwortet hat.

Der Preis

„Was kostet der Spaß", war sicher eine der Fragen, die Sie bereits bei den ersten Erkundigungen gestellt haben, und wahrscheinlich wissen Sie inzwischen auch schon, was Sie für Ihre Koje pro Woche bezahlen müssen. Damit ist es aber nicht getan. Der Preis bedeutet nämlich nichts, so lange Sie nicht wissen, was Sie dafür kriegen.

Zum Beispiel: Sind in der genannten Summe schon die Ausgaben für den Diesel, den Ihr Schiff verbrauchen wird und für allfällige Hafengebühren enthalten? Müssen Sie für einen Außenborder am Beiboot oder für ein Surfbrett extra bezahlen? Wer kommt für etwaigen Schäden am Schiff auf und wer zahlt, wenn etwas von der Ausrüstung verloren geht? Ist das Schiff hoch genug versichert? Wie hoch ist der Selbstbehalt? Gibt es eine Haftpflichtversicherung? Das ist heute in den engen Marinas, in denen sich ein Schiff am anderen reibt, ungeheuer wichtig.

Ich erinnere mich da an einen Vorfall im an und für sich gut geschützten Hafen von Mali Losinj: Dort riß sich während eines Gewittersturms eine Charteryacht vom Ankerplatz los und trieb auf die anderen, festgemachten Schiffe. Da die Crew der treibenden Yacht nicht an Bord war, dauerte es ziemlich lange, bis die Ausreißerin gebändigt werden konnte. Die Urlaubscrew war schockiert als sie, kaum zurück an Bord, von allen Seiten mit Schadenersatzforderungen konfrontiert wurde. Sie war aber zum Glück haftpflichtversichert, so daß sich die ganze Angelegenheit in Ruhe und zur Zufriedenheit aller regeln ließ. Ohne die Versicherung hätte der sturmbedingte Zwischenfall wohl ein großes Loch in ihr Urlaubsbudget gerissen.

Sind Sie sich über den Preis und alles, was darin enthalten ist, im klaren, sollten Sie bei der Törnbesprechung auch die Zahlungsmodalitäten fixieren. Müssen Sie die ganze Summe auf einmal auf den Tisch legen oder in Teilbeträgen? Üblich ist es, bei Vertragsabschluß eine Anzahlung von bis zu 50 Prozent der Chartergebühr zu kassieren, der Rest wird entweder erst bei Übernahme des Bootes oder vier bis sechs Wochen vor diesem Termin fällig.

Falls Ihr Törn von privater Seite oder von einem Verein organisiert wird, sollten Sie sich erkundigen, ob es ein eigenes Konto gibt und wer es verwaltet. So ein eigenes Konto belegt übersichtlich, welche Beträge einbezahlt und welche Summen überwiesen wurden. Das hilft, Streitereien zu vermeiden. Wenn die Zahlungen nämlich auf irgend einem Konto verschwinden, ist es meist nur einem Buchhalter möglich, die Kontobewegungen nachzuvollziehen.

Auch die Frage der Bordkasse ist ein Kapitel, das Sie schon bei der Törnbesprechung klären sollten. Welchen Betrag müssen Sie für die Gemeinschaftskasse veranschlagen und was wird aus diesem Topf bezahlt? Nur die Bordverpflegung? Auch die Getränke? Diesel? Hafengebühren? Landausflüge? Alles? Ja, auch das gibt es. Da zahlen Sie zwar einen höheren Betrag in die Bordkassa oder gleich eine höhere Chartergebühr, dafür brauchen Sie sich, wie bei einer Pauschalreise, um nichts mehr zu kümmern. Der Schnaps an Bord wird ebenso aus der Bordkasse bezahlt wie die Rechnung im Restaurant und die Liegegebühr in der Marina.

Schließlich sollten Sie sich noch erkundigen, ob noch andere Zahlungen im Zusammenhang mit Ihrem Törn zu erwarten sind. So ist etwa die Frage zu klären wie der Skipper entschädigt wird. Sehr häufig geht er bei der Bordkasse frei, das heißt, er ißt und trinkt an Bord mit, ohne etwas in die Bordkasse einzuzahlen. Viele Skipper werden für ihre verantwortungsvolle Tätigkeit aber auch eigens bezahlt. Auch den auf Sie entfallenden Anteil müssen Sie noch zu den Kosten des Törns addieren.

Und schließlich müssen Sie damit rechnen, daß Sie, abgesehen von den Chartergebühren, den Extras und der Bordkasse, noch einen Betrag für Ihre persönlichen Auslagen benötigen. Für Restaurantrechnung, für Erfrischungen beim Landgang, für einen Drink da oder dort, für Postkarten, Briefmarken, Eintrittsgebühren, Souveniers etc. Wenn Ihr Skipper Revierkenntnisse hat, weiß er meist sehr genau, mit welchem Betrag Sie zu rechnen haben, ob Sie größere Beträge mit Kreditkarten zahlen können und mit welcher Währung Sie am günstigsten fahren.

Die Anreise

Ein Törn beginnt vor Ihrer Haustür. Die Reise zum Ausgangshafen ist schon ein Teil des Törns. Sie muß genau so organisiert werden, wie der Törn selbst. Und einer muß diese Organisation übernehmen. Meist ist es der Törnveranstalter, oft kümmert sich auch der Skipper darum, manchmal wird irgend ein Crewmitglied mit dieser Aufgabe betraut. Verlassen Sie sich nicht darauf, daß es schon irgendwer machen wird.

Erkundigen Sie sich daher wenn möglich schon vor der Törnbesprechung, wie die Anreise erfolgen soll und wer sie organisiert. Denn manchmal wird auch vereinbart: Treffpunkt im Ausgangshafen. Das heißt, daß Sie selbst schauen müssen, wie Sie dort hinkommen.

Wenn sich die Crew ihre Anreise selbst organisiert, ist es wichtig zu klären, wer die Angebote von Reisebüros einholt, wer die Tickets bestellt und wie er sie bezahlt. Das Ganze muß, ich habe schon einmal darauf hingewiesen, rechtzeitig erfolgen, denn gerade in der Hauptreisezeit sind günstige Flüge schwer zu bekommen, manche Destinationen sind überhaupt ausgebucht. Natürlich müssen auch solche Details, wie der Treffpunkt und die Uhrzeit, für die Abreise festgelegt werden.

Die Törnbesprechung ist auch eine gute Gelegenheit, mit den Mitseglern die Zielsetzung zu klären. Wollen sie viel segeln und ihre Navigationskenntnisse erweitern, wollen sie baden und faulenzen oder soll ein dichtes Besichtigungsprogramm im Vordergrund stehen? Wenn ja, wer kümmert sich um das Programm? Wer spielt den Fremdenführer? Wer besorgt Bücher und Stadtpläne und macht sich mit ihrem Inhalt vertraut? Wer bringt die Öffnungszeiten der Museen in Erfahrung und organisiert den Transport dorthin?

Wohin geht die Reise?

Auch über den navigatorischen Ablauf Ihres Törns sollten Sie bei dieser Besprechung schon möglichst viel in Erfahrung bringen. Was hat sich denn der Skipper vorgestellt, was hat er vorbereitet? Stimmen seine Pläne mit denen der Crew überein? Wenn er nur segeln und die Crew nur baden und schnorcheln will, dann wird es bald zu Differenzen kommen.

Wie also sieht der Törnplan aus? Sind Nachtfahrten fix eingeplant? Sind große Strecken in einem Zug durchzusegeln oder lange Überfahrten notwendig, so daß die ganze Crew in den Wachplan eingegliedert werden muß? Oder können Sie damit rechnen, jeden Abend in einem sicheren Hafen zu liegen? Und was ist, wenn ein Teil der Crew wegen Seekrankheit ausfällt? Hat der Skipper daran gedacht? Gibt es an Bord jemand, der seinen Platz übernehmen könnte oder segeln Sie mit einer Mannschaft von ahnungslosen Anfängern los? Dann sollte sich die Crew möglichst schnell noch um einen „1. Offizier" als zweiten Mann umschauen. Was ist überhaupt im Schlechtwetterfall geplant? Ein paar stürmische Tage und andere unerwartete Wetterkapriolen kann es auch im harmlosesten Anfängerrevier geben. Was dann? Sind im Törnplan Fluchthäfen vorgesehen? Hat der Skipper eine Ausweichroute parat?

Auch als Bord-Neuling sollten Sie über diese Dinge Bescheid wissen. Zum einen, damit Sie Ihre Ausrüstung den Erfordernissen anpassen können, zum anderen, damit Sie sich geistig darauf einstellen und Ihre Lieben zu Hause darauf vorbereiten können.

Stellen Sie sich nur vor, Sie geraten während Ihres ersten Törns in wirklich schlechtes Wetter, so daß sich Ihr Skipper veranlaßt sieht, in einer winzigen, gottverlassenen, aber sicheren Bucht Schutz vor Wind und Wellen zu suchen. Drei Tage liegen Sie dort fest, ohne irgend eine Möglichkeit, ihre Verwandten oder Bekannten zu Hause zu kontaktieren. Dabei haben Sie versprochen, sich mindestens jeden zweiten Tag zu melden. Ist es da nicht verständlich, wenn sich Ihre Lieben Sorgen zu machen beginnen? Sie können doch nicht wissen, daß sich Ihr Segelboot vor dem großen Sturm, von dem stündlich in Radio und TV berichtet wird, längst in Sicherheit gebracht hat. Sie werden sich aber weniger Sorgen machen, wenn Sie wissen, daß Ihr Skipper diese Bucht schon von vornherein als Nothafen ins Auge gefaßt hat.

Auch wenn Sie im Augenblick nicht viel damit anfangen können, sollten Sie sich doch auch über die Navigations- und Sicherheitsausrüstung Ihres Charterbootes informieren. Auch das wirkt sich beruhigend auf Sie und Ihre Angehörigen aus: Gibt es an Bord Funk oder Radar? Kann der Skipper auf elektronische Navigationshilfen (z. B. GPS) zurückgreifen? Oder lassen es Törngebiet und Route ratsam erscheinen, so ein Gerät auf Kosten der Bordkasse für die Törndauer auszuborgen? Ist wenigstens ein simples Radio an Bord, damit man den Wetterbericht empfangen kann? Oder soll eines der Crewmitglieder so ein Gerät mitbringen?

Wie viele Rettungswesten und Lifebelts sind an Bord? Genug für alle Crewmitglieder oder sollte der eine oder andere versuchen, sich eine Schwimmweste oder einen Sicherheitsgurt auszuborgen? Noch ist ja Zeit dafür. Sie sehen, jede Information ist auch für Sie als Anfänger von Bedeutung, weil alle diese Dinge unmittelbaren Einfluß auf den Verlauf des Törns haben.

Sonstiges

Nutzen Sie daher die Törnbesprechung oder auch nur ein Telefonat mit dem Skipper, um möglichst alle Fragen, die Ihnen auf der Zunge brennen, zu erörtern. Klären Sie zum Beispiel ab, welche Dinge schon zu Hause eingekauft werden sollten und wer diese Aufgabe übernimmt. In manchen Ländern ist etwa Kaffee guter Qualität nur sehr schwer zu bekommen. Es ist daher sinnvoll, einige Packungen von zu Hause mitzubringen. Allerdings nur, wenn an

Bord auch wirklich Kaffee getrunken wird. Wenn die Crew nur aus Teetrinkern besteht, macht der Kaffee von zu Hause wenig Sinn. Ich habe es mir beispielsweise angewöhnt, einen Laib Schwarzbrot, Butter, etwas Wurst, Spaghetti und Tomatensauce in Dosen mitzunehmen, auch wenn im Törngebiet kein Mangel daran besteht. Ich tu es, weil die meisten Törns Samstag abends beginnen und es mir schon wiederholt passiert ist, daß ich keine Gelegenheit mehr hatte, für das sonntägige Frühstück und Mittagessen einzukaufen. Mit meiner Notration bringe ich mich und meine Crew über den ersten Tag. So verliere ich keinen Segeltag, und Montag ist dann immer noch Zeit, all das zu bunkern, was man für einen Wochentörn benötigt.

Die Crewliste

Viele Skipper legen die erforderlichen Crewlisten bereits zu Hause am Computer an, weil sie sich dadurch das ermüdende Listenschreiben bei der Hafenbehörde ersparen. Bringen Sie deshalb zur Törnbesprechung Ihren Reisepaß mit. Es könnte sein, daß der Skipper Paßnummer, Ausstellungsdatum und -behörde von Ihnen verlangt.

Lassen Sie aber nicht nur den Skipper arbeiten, sondern legen Sie sich bei dieser Gelegenheit Ihre ganz private Crewliste an. Paßnummer und Ausstellungsbehörde sind dabei weniger wichtig als die Adressen und Telefonnummern all Ihrer Segelkameraden. So eine Liste sollte sich jedes einzelne Crewmitglied anfertigen (oder Sie kopieren Ihre Liste und senden Sie jedem Mitsegler zu).

Das Telefonverzeichnis wird zur Hitliste, wenn in letzter Minute etwas Unvorhergesehenes passiert, was eine Verständigung der Crewmitglieder untereinander notwendig macht. Auf der Liste sollten daher nicht nur die üblichen Firmennummern angegeben sein, unter denen der Mitsegler üblicherweise erreichbar ist, sondern auch die sonst streng geheime Privatnummer (z. B. der Freundin oder des Freundes).

So eine Telefonliste hat mir schon einmal große Dienste erwiesen, als ich von Porto-Heli in Griechenland aus in letzter Sekunde alle vorgefaßten Reisepläne der Crew über den Haufen werfen mußte. Das Fährboot von Athen nach Porto-Heli wechselte nämlich am Tag der Anreise vom Sommer- auf den Winterfahrplan. Das konnten wir von vornherein nicht wissen. Es bedeutete aber, daß der Teil der Crew, der aus Wien angeflogen kam, das Fährboot nicht wie geplant erreichen konnte. Er mußte daher in ein Taxi umdirigiert werden. Ein Münchner wieder war angewiesen worden, bei der Abfahrtsstelle der Fähre auf die Wiener Kameraden zu warten. Das war jetzt hinfällig. Im Gegenteil. Der Müncher mußte sich beeilen, um nach dem Winterfahrplan die Fähre noch zu erwischen. Nur so nämlich konnten sich die vier Wiener in ein Taxi verfrachten. Zu fünft, noch dazu mit umfangreichem Gepäck, hätten sie zwei Taxis nehmen müssen. Dank der Telefonliste klappte die Planänderung, obwohl ich von Griechenland aus nur einmal nach Wien und einmal nach München durchkam.

Wenn Sie schon beim Telefonnummern schreiben sind, dann legen Sie sich gleich noch eine Liste an, so klein, daß Sie sie jederzeit bei sich tragen können. Notieren Sie dort die Nummern von verschiedenen Freunden und Bekannten, und zwar so, daß Sie sicher sein können, wenigstens einen von ihnen erreichen zu können. Das ist wichtig, falls Sie einmal so dringend Hilfe brauchen, daß Sie nicht warten können, bis Sie eine bestimmte Person ans Telefon bekommen.

Und noch etwas: Informieren Sie sich vor Antritt Ihres Törns nicht nur über das Seegebiet, in dem Sie unterwegs sind, sondern auch über das Land, in das Sie reisen. Je besser Sie informiert sind, je mehr Sie über die Leute wissen und je mehr Sie sich auf ihre Gewohnheiten einstellen, um so harmonischer wird Ihr erster Törn verlaufen.

Der Crewvertrag

Beispiel für einen Crewvertrag, der gerade dann abgeschlossen werden sollte, wenn ein Freundeskreis gemeinsam einen Törn organisiert und durchführt:

Crewvertrag

Für den Segeltörn, den sie auf der Basis des Chartervertrages vom .... bis
.... gemeinsam durchführen, schließen die unterzeichnenden Crewmitglieder
folgenden CREWVERTRAG ab:

1. Ich bestätige den Inhalt und die Bedeutung des Chartervertrages zu kennen und akzeptiere ihn vollinhaltlich (Kopie beiliegend).

2. Ich verpflichte mich, alle Kosten, die mit dem gemeinsamen Törn in Zusammenhang stehen (Chartergebühr, Kaution, Liegegebühren, Treibstoff, Bordverpflegung etc.) zu gleichen Teilen zu tragen. Das gleiche gilt für Folgekosten, die nach Beendigung des Törns für etwaige Schäden am Schiff, dessen Ausrüstung oder für Verluste geleistet werden müssen. Ausgenommen davon sind Fälle, die mutwillig von einem oder mehreren Crewmitgliedern verursacht wurde, und daher von den Betreffenden zu tragen sind.

3. Jedes Crewmitglied nimmt auf eigenes Risiko am Törn und den damit zusammenhängenden Aktionen teil und ist für sich – auch für Folgeschäden – verantwortlich. Es besteht keine Haftung für Verlust, Diebstahl oder Beschädigung persönlicher Gegenstände oder Wertsachen.

4. Jedes Crewmitglied hat selbst für seine Sicherheit Sorge zu tragen. Anordnungen des Schiffsführers in Zusammenhang mit der Schiffsführung, dem Verhalten an Bord und der allgemeinen Sicherheit sind zu befolgen.

5. Für alle Folgen, die aus einer Mißachtung der Anweisungen des Schiffsführers resultieren, haftet der Betroffene, soweit sie nicht versicherungsmäßig gedeckt sind.

6. Die seemännischen Pflichten und Rechte des Schiffsführers werden durch diese Vereinbarung nicht berührt.

7. Zoll- und Devisenbestimmungen, Landesgesetze und regionale Vorschriften sind einzuhalten. Bei Nichtbeachtung haftet der Betroffene.

8. Jedes Crewmitglied nimmt zur Kenntnis, daß sein Anteil zu Gunsten der anderen Crewmitglieder verfällt, falls es am Törn – aus welchen Gründen immer – nicht teilnehmen kann. Dasselbe gilt auch für anteilige Kosten der Anreise. Wird ein Ersatz gestellt, gilt diese Regelung nicht.

Der Schiffsführer.................................   Ort/ Datum ....

Die Crewmitglieder............................

Was braucht man auf einer Segelyacht?

Die Frage, was Sie für Ihren ersten Segeltörn einpacken sollen, läßt sich mit einem Superlativ beantworten: das Notwendigste.
Vergessen Sie daher Ihre übliche Urlaubsgarderobe und das ganze Brimborium, das Sie bisher immer so ganz nebenbei eingepackt haben, entweder weil Sie dachten, es wäre irgendwann mal von Nutzen oder gar nur, weil im Koffer(raum) noch Platz dafür war. Denken Sie vielmehr immer daran, daß der Stauraum auf einem Schiff knapp und auf einem Charterschiff noch viel, viel knapper ist.
Die Frage, die Sie sich beim Packen immer wieder stellen sollten, kann daher nur lauten: Brauche ich das wirklich?
Was Sie sicher nicht brauchen ist die „A-Uniform", „A" wie Ausgang. Die noble weiße Sommerhose, den Blazer mit den Goldknöpfen, das weiße Hemd samt Gucci-Krawatte brauchen Sie nicht. Analog dazu ist auch das dekolletierte Cocktailkleid, das mit den Blümchen und der roten Schleife, unnötig und daher auch die dazu passende Taschen-Schuh-Kombination. So chic sie auch sein mögen, Sie werden sie nicht brauchen. Denn Sie werden weder an Bord noch beim Landgang eine Gelegenheit finden, die Nobelgarderobe zu tragen. Aber es wird Ihnen das Herz bluten, wenn Sie die guten und wahrscheinlich auch teuren Stücke in ein winziges Schränkchen stopfen müssen, zusammen mit dem vielleicht nicht ganz trockenen Ölzeug Ihres Kojennachbarn.
Zweckmäßigkeit heißt die Parole, an der Sie sich orientieren sollten.
Die Bedingungen, auf die Sie sich an Bord einstellen müssen, unterscheiden sich nur insofern, als es Reviere gibt, in denen es grundsätzlich kalt ist und andere, die sonnig und heiß sind. Mit Wind und Feuchtigkeit müssen Sie da und dort rechnen.

Das Ölzeug

Gegen beides, gegen den Wind und gegen die Feuchtigkeit, schützen sich Segler mit dem sogenannten Ölzeug, das in unseren Tagen nichts mehr mit Öl zu tun hat. Das Wort stammt noch aus der Zeit, da man die ganzen Gummi- und Plastikstoffe noch nicht kannte und deshalb grobes Leinen durch Öl und Firnis wasserdicht zu machen versuchte.

Diese derben Jacken, die an jeder Beuge brüchig und damit durchlässig wurden, sind mit der Segelkleidung unserer Tage kaum noch zu vergleichen, überhaupt mit diesen modernen Materialien, die wind- und wasserdicht und trotzdem atmungsaktiv sind.

So ein Ölzeug hat allerdings seinen Preis. Daher scheint es ratsam, genau zu überlegen, ob Sie für Ihren ersten Törn dieses Wunderding auch wirklich brauchen. Ich glaube nicht! Zumindest dann nicht, wenn Ihr erster Törn nur so eine Art Test ist. Wenn Sie mit Ihrem ersten Segelabenteuer erst einmal feststellen wollen, ob Ihnen die Segelei überhaupt Spaß macht, ob nicht wegen dauernder Seekrankheit Ihr erster Törn gleich auch Ihr letzter ist, dann wäre es falsch, gutes Geld in ein teures Ölzeug zu investieren.

Da sollten Sie sich auf andere Weise helfen. Der Zweck des Ölzeugs ist ja ein doppelter. Es soll Sie vor Nässe schützen, aber mehr noch soll es den Wind abhalten. Denn die Nässe allein wäre nicht so schlimm. Erst in Zusammenhang mit dem Wind, und da genügt schon der Fahrtwind eines Segelbootes, stellt sich dieses unangenehme Kältegefühl (windchill) ein, das einem auch bei einem Sommertörn in südlichen Breiten sehr schnell zu schaffen macht.

Daraus ergibt sich, daß auch eine gute, wind- und wasserfeste Wanderjacke die Funktion einer Ölzeugjacke erfüllen kann. Es kann aber auch ein dünner Skianorak sein, ein Kunststoffüberhemd, wie es Radler bei Regenwetter tragen, ein wetterfester Motorradoverall oder einfach so eine Plastikjacke, wie man sie für den Fall des Falles auf eine Wanderung mitnimmt.

Wenn Sie das ganze noch durch eine wasserdichte Hose ergänzen können, sind Sie für Ihren ersten Törn bereits bestens gerüstet.

Findet sich in Ihrem Kleiderfundus weder Wanderjacke noch wasserdichte Hose, hier noch ein Tip. Das gelbe, manchmal auch rote Plastikzeug, das in Baumärkten als Regenbekleidung für Bauarbeiter angeboten wird, ist fast so gut wie richtiges Ölzeug, nur viel, viel billiger.

Sicher, eine Kombination aus Radlerüberhose und Wetterhexe kann ein vollwertiges Ölzeug nicht ersetzen, aber das muß es bei Ihrem ersten Törn ja auch nicht. Als Anfänger wird man Sie sicher nicht im schwersten Wetter zum Segelwechsel auf das Vordeck schicken, im Cockpit aber sind Sie gegen Gischt und Spritzwasser auch mit Ihrer Notausrüstung recht gut geschützt. Und wenn Sie auch nach dem ersten schweren Wetter bei der Segelei bleiben wollen, können Sie immer noch in einem Brief an das Christkind ein vollwertiges Ölzeug an die Spitze der Wunschliste setzen.

Bordschuhe

Was eben über das Ölzeug gesagt wurde, gilt sinngemäß auch für die Bordschuhe. Was wird da in einschlägigen Katalogen nicht alles angeboten: Schuhe aus allen möglichen Materialien, mit mehr oder weniger rutschfesten Sohlen, die aber allesamt entweder eine große Ähnlichkeit mit Tennisschuhen aufweisen oder einfachen Slippern gleichen. Also, warum sollen Sie dann für Ihren ersten und vielleicht einzigen Törn nicht Ihre Tennisschuhe in Bordschuhe umbenennen. Oder warum schaffen Sie sich nicht einfache Canvas-Schuhe an, wie man sie in jedem Schuhmarkt um wenig Geld bekommt. Die eignen sich als Bordschuhe genauso, und nach dem Törn stecken Sie sie in die Waschmaschine, waschen das Salz aus und benutzen sie noch für den Rest des Sommers als Freizeitschuh.

Bordschuhe sollen Sie ja wirklich nur an Bord tragen. Damit soll verhindert werden, daß man mit den Straßenschuhen Schmutz, Sand und kleine Steine an Bord trägt, mit denen man das Deck zerkratzt. Bordschuhe sollen daher leicht zu wechseln sein – Slipper oder Schuhe mit Klettverschluß – sie sollen keine Spuren an Deck hinterlassen, also eine helle, zumindest nicht abfärbende Sohle haben – darauf sollten Sie bei einem allfälligen Neukauf achten – und sie sollen die Füße vor Verletzungen schützen. An Deck eines Segelbootes gibt es nämlich viele Dinge, an denen man sich die Zehen blutig stoßen kann, deshalb sollten Sie Ihre Bordschuhe auch wirklich tragen und nicht barfuß herumlaufen. Sandalen, egal ob aus Plastik, Leder oder gar aus Holz, sind als Deckschuhe nicht geeignet. Erstens, weil die Zehen frei sind und zweitens, weil sie dem Fuß keinen Halt geben.

Das mit der Rutschfestigkeit der Sohle hat natürlich auch etwas auf sich, aber noch einmal: bei Ihrem ersten Törn werden Sie kaum so gefordert werden, daß Sie Spezialschuhe benötigen. Und wenn Sie Segeln zu Ihrem Lieblingssport küren, können Sie immer noch …

Bis dahin sollte es, wie beim Ölzeug, heißen: Improvisation statt Investition.

Da Bordschuhe nur für den Bordgebrauch bestimmt sind, versteht es sich von selbst, daß Sie noch ein zweites Paar Schuhe mitbringen müssen, Schuhe, mit denen Sie während eines längeren Landausflugs auch über Stock und Stein wandern können. Sie sparen Platz im Seesack, wenn diese Schuhe auch Ihre Reiseschuhe sind.

Segelkleidung

Es gibt keine richtige Segelkleidung oder, anders herum ausgedrückt, alles was Sie beim Segeln tragen, ist Segelkleidung. Ob der Pullover auf dem Brustteil mit einem historischen Steuerrad geschmückt ist, ob sich über dem Jackenärmel ein Auszug aus dem Flaggenalphabet ringelt oder das T-Shirt Anschauungsunterricht in Knotenkunde gibt, spielt dabei keine Rolle. Mit solchen Motiven schmückt sich heute schon jede modebewußte Landpomeranze, und Kapitänsmützen findet man auch auf den Köpfen von Taxichauffeuren, für die die „große Fahrt" eine Fuhre in einen anderen Stadtteil bedeutet.

Nein, das Muster macht es nicht. Da schon eher der Schnitt. Segelkleidung sollte leger sein, locker sitzen, damit Sie sich bewegen können. Vielleicht ist das der Grund, warum die meisten Segler ihre ältesten Sachen hervorkramen, wenn sie auf Törn gehen, Sachen, die eingetragen und an den richtigen Stellen ausgedehnt sind, kurz Sachen, in denen sie sich wohlfühlen.

Segelbekleidung sollte aber noch eine Anforderung erfüllen: Sie sollte sich für mehrere Zwecke nutzen lassen, schon wegen der Platzersparnis. Statt für jeden Eventualfall ein eigenes Kleidungsstück einzupacken, sollten Sie daher einige wenige Stücke auswählen, die vielseitig verwendbar sind. Denken Sie zum Beispiel an einen Trainingsanzug. Dieses sportliche Kleidungsstück können Sie in einer kühlen Nacht statt oder über dem Pyjama tragen, Sie können damit an Deck sitzen, Sie können es als Wärmeschutz unter dem Ölzeug anziehen, Sie können damit zur Not auch in die Stadt zum Essen gehen, und Sie haben mit dem Trainingsanzug immer eine komplette Reservekleidung parat, falls Sie wirklich einmal naß geworden sind.

Wenn Sie daher eine zweite Garderobe einpacken wollen, die nur für den Stadtbummel tauglich ist, dann räumen Sie sie wieder weg. Packen Sie statt der Stadthose oder dem Schottenröckchen lieber eine zweite Jeans ein, die sich unterm Ölzeug nicht verdrückt und auch sonst eine etwas rauhere Behandlung verträgt.

T-Shirts zählen in diesem Sinn für Damen und Herren zur Segelkleidung: Man kann sie normal als Oberbekleidung tragen oder als Unterziehleibchen oder an Stelle eine Nachthemds. Sie sind ein guter Sonnenschutz, vertragen Nässe, sind schnell ausgewaschen und brauchen nicht gebügelt zu werden.

Die Segelbekleidung für Ihren ersten Törn sollten Sie noch nach einem anderen Kriterium auswählen: Sie sollte sich für das Zwiebelsystem eignen. Das heißt, Sie sollten, je nach Wetter und Temperatur, immer noch ein Stück über das andere anziehen können. Beispielsweise Sweatshirt über das T-Shirt, als nächste Schicht ein Pullover, über den noch die Jacke des Trainingsanzugs und schließlich das Ölzeug. Mit diesem System, das sich erweitern und in jeder Variation kombinieren läßt, sind Sie für die zu erwartenden Temperaturschwankungen besser gerüstet, als mit einem vielleicht ebenso warmen, dicken Pullover. Viele einzelne Schichten halten erfahrungsgemäß besser warm als eine dicke Hülle.

Es ist nicht so, daß Sie bei einem sommerlichen Urlaubstörn auf warme Kleidung verzichten können. Thermowäsche und Trojer können Sie zwar zu Hause lassen, aber einen warmen oder noch besser zwei dünne Pullover sollten Sie schon in Ihren Seesack packen. Selbst im südlichen Mittelmeer ist es bei Nacht draußen auf dem Wasser mitunter recht kühl, ja sogar in der Karibik bin ich schon während einer nächtlichen Ruderwache fröstelnd in einen Pullover geschlüpft.

56

Sonnenschutz

Gegen Nässe und Wind das Ölzeug, für kühle Stunden ein Pullover, jetzt fehlt in Ihrem Seesack nur noch etwas gegen die Sonne. Schieben Sie das Thema Sonnenschutz nicht als „nebensächlich" beiseite und machen Sie nicht den Fehler zu glauben, weil Sie noch nie einen Sonnenbrand hatten, werden Sie auch auf dem Schiff keinen bekommen. Sie kriegen ihn, wenn Sie nichts dagegen tun.

Es ist nämlich eine wenig beachtete Tatsache, daß von den Sommersaison-Gelegenheitsseglern mehr durch Sonnenbrand ausfallen als durch Seekrankheit. Die Leute – und da sollen sich die Herren mehr angesprochen fühlen als die Damen – machen immer den gleichen Fehler: weil sie möglichst schnell braun werden wollen, benutzen sie keine oder zu schwache Sonnenschutzmittel. Das Ergebnis: im harmlosesten Fall werden sie rot statt braun und die Haut beginnt nach drei Tagen abzugehen, im schlimmsten Fall erwischen sie einen Sonnenbrand mit Schüttelfrost und allem Drum und Dran und fallen für den Rest des Törns aus.

Also: packen Sie unbedingt ein Sonnenschutzmittel mit hohem Schutzfaktor ein. Er sollte um so höher sein, je weniger Sie vorgebräunt sind. Und nehmen Sie kein Öl, sondern Sonnenmilch oder Sonnencreme. Öl macht rutschig und ist an Bord daher nicht gern gesehen. Außerdem hinterläßt Öl Flecken auf dem Teakdeck, so Ihr Boot eines hat.

Packen Sie außerdem eine Schirmkappe oder einen Sonnenhut ein. Sie schützen vor der direkten Sonneneinstrahlung und daher vor Sonnenstich. Und stopfen Sie auch noch das älteste T-Shirt, das Sie finden, als „Sunblocker" in den Sack. Das Shirt werden Sie brauchen, wenn zu Mittag die hochstehende Sonne unbarmherzig aufs Deck brennt. Denn vergessen Sie nicht: Um diese Zeit finden Sie, auch wenn die Segel gesetzt sind, an Bord kaum einen Quadratmeter Schatten, in den Sie sich flüchten können, und unter Deck ist es unerträglich heiß. Wenn Sie jetzt auch noch einen leichten Sonnenbrand auf den Schultern haben, werden Sie sehr froh über das T-Shirt sein.

Auf einen mehr oder weniger schäbigen Fetzen greife ich zurück, weil die Mischung aus Schweiß und Sonnenmilch aus einem normalen T-Shirt kaum wieder auszuwaschen ist. Das abgetragene Shirt aber kann ich am Ende des Törns entsorgen. Es hat seine Schuldigkeit getan.

Da bei einem T-Shirt mit runden Ausschnitt der Hals frei bleibt, packe ich meist auch noch ein Tuch ein, das ich mir um den Hals schlingen kann, wenn ich etwa als Rudergänger der Sonne ausgesetzt sein muß. Ein Tuch leistet auch bei schwerem Wetter gute Dienste, weil man damit den Halsausschnitt einigermaßen abdichten kann.

Daß mindestens eine gute Sonnenbrille in Ihr Törngepäck gehört, sei nur der Vollständigkeit halber erwähnt.

Die diversen Kleinigkeiten

Die kritische Frage, „brauche ich das wirklich", läßt sich etwa bei Paß und Geld leicht mit ja beantworten, bei einigen anderen Dingen wird die Antwort nicht so eindeutig ausfallen. Vielleicht fällt Ihnen die Entscheidung leichter, wenn Sie auf Ihrer Packliste neben „notwendig" auch noch den Begriff „praktisch" als Unterteilung einführen. Praktisch sind die Dinge, die Sie nicht unbedingt brauchen, die Ihnen aber an Bord gute Dienste leisten werden.

Notwendig ist ein Krankenschein, ausgestellt für das jeweilige Land, in das Sie reisen. Ihre Krankenkasse versorgt Sie damit.

Ein Bügel oder Bändchen, mit dem Sie Ihre Brille sichern, ist notwendig.

Eine Taschenlampe samt einem Reservesatz Batterien halte ich gleichfalls für notwendig. Ebenso ein Paar Arbeitshandschuhe und ein Taschenmesser.

Nicht unbedingt notwendig sind dagegen Schreibzeug und Taschenrechner. Nicht schaden kann es, Badeschuhe mitzunehmen und Gummihandschuhe für den Abwasch. Mückenspray kann sich ebenso als nützlich erweisen wie Salzwasserseife. Immer wieder benötigt werden Flaschenverschlüsse, Geschirrtücher und Wäscheklammern. Falls Ihr Sitzfleisch empfindlich ist, sollten Sie auch an ein aufblasbares Sitzpolster denken, denn Sie werden an Bord viel Zeit im Sitzen verbringen.

Kamera, Radio, Elektrogeräte

Ganz klar, daß Sie Ihren Fotoapparat oder Ihre Videocamera gerade bei Ihrem ersten Törn mitnehmen wollen. Wer möchte nicht gerne diese vielen neuen Eindrücke und Sehenswürdigkeiten im Bild festhalten. Tun Sie es ruhig, bedenken Sie aber, daß allein schon die salzhaltige Luft die empfindliche Elektronik einer teuren Kamera stören und auch zerstören könnte. Dazu muß der Apparat gar nicht richtig naß werden. Nehmen Sie für den Fotoapparat genügend Filme und Reservebatterien und für die Videocamera genügend Reserveakkus mit. Batterien und Filme sind nicht überall so leicht zu bekommen wie bei uns und nicht jeder Wirt ist so freundlich, Sie an seiner Steckdose Ihre Akkus nachladen zu lassen.

Einige, vor allem sehr große Schiffe, verfügen über einen eigenen Generator, der 220 Volt in die Steckdose liefert. Auf solchen Schiffen haben Sie natürlich die Möglichkeit, Ihre Akkus nachzuladen, einen Haartrockner in Betrieb zu nehmen oder Ihren elektrischen Rasierapparat anzustecken. Rechnen Sie aber nicht damit, beziehungsweise erkundigen Sie sich ausdrücklich, ob es an Bord eine 220-Volt-Anlage gibt.

Ein Radio gehört heute schon fast zur Standardausrüstung eines Charterschiffes, manche haben auch schon einen Kassettenrecorder eingebaut. CD-Player sind dagegen noch kaum verbreitet. Wenn Sie also gerne Musik hören, besonders Ihre Lieblingsmusik, dann bringen Sie Radio oder Player lieber mit. Und vergessen Sie nicht die Kopfhörer, denn es muß nicht allen Crewmitgliedern gefallen, was Sie gerne hören. Wenn Sie Kassetten oder CDs mitnehmen, sprechen Sie sich mit Ihren Segelkameraden ab, damit nicht alle die gleichen, gängigen Schlager anschleppen.

Persönliches

Neben den Sachen, die man ganz allgemein für die Packliste empfehlen kann, gibt es noch ganz persönliche Dinge, die unbedingt in den Seesack müssen. Ob Sie diese Dinge brauchen, können nur Sie selbst wissen, aber wenn Sie sie brauchen, dann sollten Sie sie auf keinen Fall vergessen. Ich nenne Sie der Wichtigkeit nach persönliche Medikamente und persönliche Lebensmittel.

Unter persönlichen Medikamenten verstehe ich Pillen, Salben, Creme, Pflaster, kurz alle Arten von Arzneien, die Sie regelmäßig oder auch nur in bestimmten, vorhersehbaren Fällen einnehmen oder anwenden müssen. Verlassen Sie sich nicht darauf, daß gerade diese Medikamente in der Bordapotheke zu finden sind. Bordapotheken sind nur für Notfälle und auch dafür meist nur schlecht bestückt, und erwarten Sie nicht, daß Sie in irgendeinem Kaff Ihres Törngebietes gerade die Arznei bekommen, die Sie zu Hause vergessen haben. Apotheken im Ausland führen zwar oft das reichhaltige Sortiment einer Drogerie, aber ihr Lager an Medikamenten ist meist beschränkt. Dazu können mangelnde Sprachkenntnisse oft zu verhängnisvollen Mißverständnissen führen.

Wenn Sie also zu Hause jeden Morgen Kreislauftropfen nehmen müssen, um überhaupt auf die Füße zu kommen, dann packen Sie einen entsprechenden Vorrat davon ein. Wenn Sie, auch nur gelegentlich, bei großen Anstrengungen Herztabletten schlucken müssen, dann nehmen Sie die Schachtel mit. Und wenn Sie schon wissen, daß Sie auf fremdländische Kost immer mit Durchfall reagieren und Ihnen dann nur ein ganz bestimmtes Präparat rasch und sicher hilft, dann besorgen Sie sich dieses Präparat doch vor der Abreise und stopfen Sie es in Ihren Seesack.

Mit den persönlichen Lebensmitteln verhält es sich ganz ähnlich, auch wenn es dabei meist nicht um die Gesundheit, sondern nur um eine Marotte geht. Aber auch ein Segelurlaub ist ein Urlaub, in dem Sie sich wohlfühlen und daher Ihre Marotten ausleben sollen. Darum nehmen Sie doch Ihr eigenes Müsli mit, wenn Sie der Meinung sind, ohne Körnerfutter kann der Tag nicht richtig beginnen. Und erwarten Sie nicht, daß man den Früchtetee, den Sie als Schlummertrunk zu sich zu nehmen pflegen, in der Bordküche vorrätig ist. Nehmen Sie ihn lieber selber mit. Oder um ein extremes Beispiel zu gebrauchen, wenn Sie es Ihr lebenlang gewohnt waren, nach dem Frühstück einen „Starter" zu kippen, weil sonst Ihr Kreislauf nicht in Schwung kommt, dann nehmen Sie eine Flasche des Elexiers in Ihre Koje mit. Oder wollen Sie plötzlich mit lebenswichtigen Gewohnheiten brechen?

Neben all den Dingen, die sozusagen in jedem Seesack als Standardausrüstung zu finden sind, gibt es noch ein paar Sachen, die man nicht immer mitschleppen muß. Zum Beispiel einen Schlafsack. Viele Charterfirmen verstehen es heute schon als selbstverständlichen Service, den Kunden Ober- und Unterleintücher, Kissenbezüge und Bettdecken anzubieten. In so einem Fall wäre es unsinnig, einen meist unförmigen Schlafsack mitzuschleppen, der dann doch nur wieder Stauraum wegnimmt. Klären Sie also schon bei der Crewbesprechung, ob für Ihr Schiff ein Schlafsack notwendig ist, oder ob Sie auf dieses voluminöse Gepäckstück verzichten können. Gleiches gilt für den Kissenbezug.

Ich selbst habe mir angewöhnt, auf jeden Törn einen dünnen Leinenschlafsack mitzunehmen, da ich schon wiederholt feststellen mußte, daß nicht genügend Ober- und Unterleintücher an Bord vorhanden waren. Dieser Leinenschlafsack, so ein Ding, wie man es auch in Jugendherbergen und auf Berghütten verwendet, nimmt nicht viel Platz weg, ist nicht schwer und wird nicht ausgepackt, wenn die Bettwäsche an Bord für alle reicht.

Von Fall zu Fall sollten Sie auch mit dem Skipper oder mit anderen Crewmitgliedern klären, wer so nützliche Dinge wie Thermosflasche, Plastikbehälter, Werkzeug, Spiele oder Reisebeschreibungen mitnimmt, ob es sinnvoll ist, eine Gitarre oder ein anderes Musikinstrument mit auf die Reise zu nehmen oder ob bestimmte Lebensmittel schon zu Hause eingekauft werden sollen.

Der Seesack

Last not least ist noch die Frage zu klären, wie denn das Gepäckstück beschaffen sein soll, in dem Sie all die Dinge, die Sie für den Törn benötigen, aufs Schiff schleppen. Um es vorweg zu sagen: es muß kein Seesack sein.

Jede Reisetasche, jede Sporttasche eignet sich dafür, solange sie weich ist, zusammengelegt und leicht verstaut werden kann. Koffer stehen auf der Verbotsliste ganz oben.

Sollten Sie zu Ihrem ersten Törn per Flugzeug anreisen, dann auch noch zwei Tips für Ihr Gepäck. Der erste: nehmen Sie die teuren (Kamera) und wichtigen Dinge (Paß, Geld) sowie einmal Unterwäsche zum Wechseln im Handgepäck mit. Das für den Fall, daß Ihr Gepäck in eine andere Richtung reist als Sie.

Der zweite Tip: binden Sie die Traggriffe Ihrer Reisetasche oder Ihres Seesacks zusammen. So können die Packer nicht einfach an einem Henkel reißen, wenn sie das Gepäckstück aus dem Stauraum des Fliegers holen. Diese einseitige Belastung halten die besten Nähte nicht aus. Die Folge: der Griff reißt aus.

Verbotsliste

Die Liste der Dinge, die auf einem Segelboot absolut nichts verloren haben, ist kurz:
Koffer wurden schon erwähnt,
Schmuck, weil er leicht unwiederbringlich verloren geht,
Stöckelschuhe und Bergschuhe.

Zum ersten Male an Bord

So, da ist es! Ihr Schiff! Hoffentlich entspricht der erste Eindruck halbwegs Ihren Erwartungen!

Der Anblick wird bei Ihnen die gleichen Gefühle auslösen wie bei allen Neulingen: Es ist ein Gemisch aus Vorfreude und Unsicherheit, das einen in diesem Augenblick überkommt. Vorfreude auf das Ereignis, das nun endlich seinen Anfang nimmt, Unsicherheit, weil man so viele neue Eindrücke nicht so schnell verkraften kann. Aber Sie werden nicht lange Zeit haben, um darüber nachzudenken. Die ersten Stunden an Bord sind immer die turbulentesten. Die Nervosität, die die neue Crew mitbringt, wird in Aktivität umgesetzt, die gemeinsame Aktivität auf engem Raum führt unweigerlich zu Hektik. In diesen ersten Stunden werden Sie kaum Muße finden, das Schiff in aller Form zu inspizieren. Heben Sie sich das für den nächsten Tag auf, wenn Sie draußen auf dem Wasser sind und über und unter Deck Ruhe eingekehrt ist.

Die Schiffsübernahme läuft bei allen Chartergesellschaften nach dem gleichen Ritual ab, so, als gäbe es dafür weltweit genormte Vorschriften:

Die neue Crew entdeckt das Schiff, das meist in einer überfüllten Marina, eingeklemmt zwischen anderen Segelbooten, liegt. Mit lautem Hallo stürzen alle zum Liegeplatz, zögern dann aber doch, an Bord zu gehen. Der Skipper muß die Initiative ergreifen. Er oder der Charteragent, der sich bereits an Bord befindet, bittet die Mannschaft an Bord. Jetzt möchte jeder der erste sein.

Nach einem kurzen Ah und Oh – das ehrliche Entzücken gilt der gediegenen und frisch polierten Innenausstattung – erfolgt die formelle Begrüßung, in hundert von hundert Fällen verbunden mit einem Willkommensschluck. Aus dem folgenden, freudigen Geschnatter scheren Agent und Skipper allmählich aus. Es ist Zeit, dienstlich zu werden. Die Schiffsübernahme beginnt.

Die nächsten ein, zwei Stunden, je nach Größe des Schiffes, ist die Crew sich selbst überlassen. Daher beginnt sie, manchmal erst nach einem zweiten Schluck aus der Willkommensflasche, das Gepäck, das bisher vor dem Schiff auf der Mole deponiert war, erst an Deck und dann unter Deck zu räumen. Und behindert damit Skipper und Agent, die das Gepäck unter Deck nicht brau-

chen können, weil sie gerade jetzt Bodenbretter aufheben, Schapps öffnen und Sitzpolster rücken müssen, um all die Dinge zu checken, die nun einmal unter Bodenbrettern verborgen, in Schapps eingebaut und hinter Polstern gestaut sind.

Richtiger wäre es, die Crew ließe das Gepäck an Deck zurück und ginge nochmals von Bord. Der Skipper hat jetzt ohnedies keine Zeit, um Fragen zu beantworten oder Dinge zu erklären. Er muß sich auf die Übernahme konzentrieren. Also löchern Sie ihn, wenn Sie schon an Bord bleiben, nicht mit Fragen. Vieles was Sie im Augenblick wissen wollen, wird Ihnen auch der Co-Skipper oder ein anderes erfahrenes Crewmitglied erklären können.

Welche Koje ist die beste?

Während der Skipper mit dem Schiffscheck beschäftigt ist, kann sich die Crew schon darüber klar werden, wie die Aufteilung der Kojen erfolgen soll, wer mit wem in eine Kabine zieht. Bei der Wahl hat der Skipper meist ein Vorrecht, die alten Hasen genießen Privilegien, den Damen läßt man den Vortritt und die Neulinge müssen sehen, was übrig bleibt.

Aber seien Sie getrost: alle Kabinen haben Vor- und Nachteile: In den Achterkabinen sind zwar die Schiffsbewegungen am wenigsten zu spüren, dafür liegen sie unmittelbar neben dem Motor und sind daher sehr laut.

In den Bugkabinen wieder schauckelt es am meisten, dafür sind sie ruhig und, wegen der großen Luke, sehr luftig.

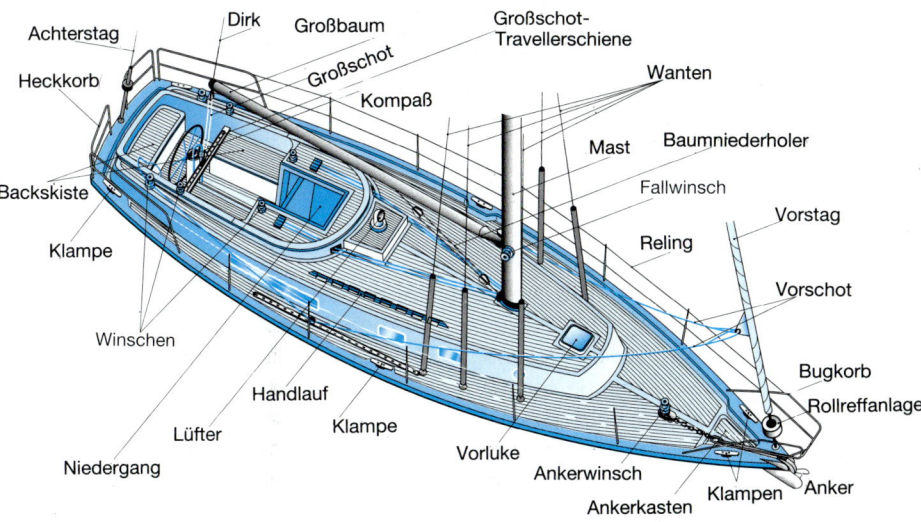

Sehen Sie sich an Deck gründlich um und machen Sie sich mit dem vertraut, was Ihnen vielleicht noch fremd ist. Es ist gut, sich so bald wie möglich die richtigen Benennungen einzuprägen. Damit Sie sofort wissen, wovon der Skipper spricht oder was die anderen Crewmitglieder denn eigentlich meinen.

Die Seitenkojen, meist auch im Vorschiff, sind weniger laut als die Achterkojen und schaukeln weniger als die Vorschiffskojen, aber die üblichen Stockbetten sind meist sehr schmal und die Kabine ist eng und schlecht belüftet. Außerdem liegt es sich in den Kojen nur gut, wenn das Schiff nach der Seite krängt, auf der die Kojen liegen. Nach der anderen Seite läuft man Gefahr, abgeworfen zu werden (es sei denn, es sind Leesegel, also Sicherungen gegen das Herausfallen, vorhanden).

Im Salon spürt man die Schiffsbewegungen am wenigsten, die Kojen sind meist breit und luftig, aber man liegt sozusagen in einem Durchgang und muß seine Bettstatt jeden Abend neu aufschlagen und am Morgen wieder wegräumen.

Das mit dem Schaukeln und dem Motorgeräusch und dem Abwerfen gilt natürlich nur, wenn das Schiff in Bewegung ist. Wenn Ihr Skipper vorhat, jeden Abend in einem Hafen festzumachen oder in einer ruhigen Bucht zu ankern, dann fallen diese Nachteile der Kojen weg.

Trotzdem: Sollten Sie tatsächlich die Wahl haben, sollten Sie in südlichen Gebieten mit lauen Nächten die Vorschiffskoje, sonst generell eine Achterkoje wählen.

Ist die Schiffsübergabe beendet und sind die Kojen verteilt, dann verstauen Sie so schnell wie möglich Ihr Gepäck in Ihrer Kabine. Und einigen Sie sich mit Ihrem Kojennachbarn, wer sich zuerst einrichtet. Der andere sollte inzwischen geduldig an Deck warten.

Einrichten heißt nicht, daß Sie gleich Ihren ganzen Seesack ausräumen und für jedes Paar Socken ein Plätzchen finden müssen. Einrichten heißt zunächst, daß Sie sich die Dinge, die Sie für den Rest des Tages und die erste Nacht benötigen, zurecht legen: Bettzeug, Waschzeug, Handtuch, Nachtgewand etc. und Ihre Taschenlampe. Sie werden sie vielleicht in der ersten Nacht brauchen, weil Sie sich an Bord noch nicht eingewöhnt haben und gerade den entscheidenden Schalter nicht finden.

Was Sie gleich wissen müssen

Apropos Schalter: Lassen Sie sich noch am ersten Tag vom Skipper oder einem erfahrenen Crewmitglied zeigen, wo auf dem Schalterpaneel in der Navigation die Lichter für Ihre Kabine und den WC-Raum aktiviert werden und wie man die Wasserpumpe einschaltet, mit der Süßwasser aus dem Tank zum Waschbecken und zur Dusche gepumpt werden. Und noch etwas müssen Sie an diesem ersten Tag lernen: Wie man mit dem Clo umgeht, auch wenn Sie die Absicht haben, vorläufig noch die Sanitäranlagen der Marina zu benutzen. Sicher ist sicher.

Zehn wichtige Fragen

Das weitere Programm für den Rest des Tages (oder des Abends) wird wahrscheinlich der Skipper festlegen. Falls noch genügend Zeit bleibt, sollten Sie ihn bitten, Ihnen ein paar wichtige Dinge zu zeigen und zu erklären, auch wenn sich die anderen Kameraden nicht dafür interessieren.

1. Frage: Wo befindet sich der Hauptschalter, mit dem sämtliche Stromquellen an Bord auf einmal abgeschaltet werden können?
2. Wo ist die Bordapotheke verstaut? Werfen Sie auch einen Blick hinein, damit Sie eine Ahnung haben, welche Verbandsmittel oder Arzneien im Notfall zur Verfügung stehen.
3. Wo befindet sich der Feuerlöscher? Er hängt nicht immer so griffbereit, wie man es erwarten sollte, sondern ist oft in irgend einem Schapp vergraben.
4. Wie wird die Bilge gelenzt? Wo befindet sich der Schalter für die elektrische und wo der Griff für die Handlenzpumpe?
5. Wo sind die Notsigalmittel verstaut? Wenn Sie erst im Notfall danach zu suchen beginnen müssen, ist es vielleicht zu spät.
6. Wie viele Seeventile gibt es und wo befinden sie sich? Bei dieser Gelegenheit könnten Sie sich erbötig machen, gewissenhaft dafür zu sorgen, daß die Ventile geschlossen und auch wieder geöffnet werden, wenn der Skipper es anordnet. Und Sie könnten es gleich auch übernehmen, die Luken zu schließen, wenn das Schiff segelklar gemacht wird. Beides sind Arbeiten, die auch ein Anfänger übernehmen kann.
7. Wie nimmt man den Gasherd in Betrieb? Sie wollen doch nicht immer auf die Hilfe anderer angewiesen sein, weil Sie nicht einmal Wasser für einen Tee wärmen können?

8. Wo sind die Absperrhähne für die Wassertanks? Die meisten Schiffe verfügen über mehrere Tanks, die einzeln, nacheinander in Betrieb genommen werden. Ist einer leer, wird er abgedreht und der nächste aufgedreht. Das schafft jedes Kind, wenn es weiß, wo die Hähne versteckt sind und in welcher Reihenfolge sie zu benutzen sind.

9. Wie wird die Maschine gestartet und wie wieder abgestellt? Auch das sollten Sie für den Notfall wissen.

10. und vorläufig letzte Frage: Wie viele Umdrehungen soll die Maschine im Normalbetrieb, also bei Marschfahrt, laufen und wie hoch darf sie maximal drehen?

Rettungsweste und Sicherheitsgurt

Falls er es noch nicht getan hat, erinnnern Sie den Skipper daran, Ihnen und den anderen Crewmitgliedern eine Schwimmweste und/oder einen Lifebelt auszuhändigen. Bei beiden sollten Sie zunächst die Gurte auf Ihre Körpergröße und Ihren Körperumfang einstellen, dann sollten Sie Weste und Gurt so in Ihrer Kabine stauen, daß Sie sie jederzeit zur Hand haben.

Lächeln Sie nicht über so viel Vorsicht und so viel Sicherheitsdenken. Wenn ich meinen Crews empfehle, den Lifebelt immer griffbereit zu haben, dann hat das, abgesehen vom Sicherheitsmoment, einen ganz einfachen Grund: Wenn manchmal sachte, sachte, erst der Wind zulegt und dann der Seegang zunimmt, halten es mache Crewmitglieder nicht lange unter Deck aus. Sie würden seekrank, müßten sie erst lange nach ihrem Lifebelt suchen. Liegt der Gurt aber griffbereit, so genügt ein kurzer Sprint unter Deck oder noch besser, sie können einen weniger empfindlichen Kollegen bitten, ihnen den Gurt oder die Rettungsweste mitzunehmen. „Liegt gleich rechts", heißt es dann, und wirklich, der Kollege hat das Stück mit einem Griff.

*Eine Kombination von
Lifebelt und Rettungsweste,
die entweder mit einer
kleinen Reißleine ausgelöst
wird und sich dann aufbläst
oder im Wasser automatisch
aktiviert wird.*

Der Proviant

Es gibt Crews, die sich schon von der ersten Crewbesprechung darüber einig sind, daß an Bord keine warmen Mahlzeiten zubereitet werden, und es gibt andere Yachten, die es in puncto Verpflegung mit jedem Drei-Hauben-Lokal aufnehmen könnten. So oder so sollte kein Schiff auslaufen, ohne eine Mindestration an Verpflegung an Bord zu haben: wenigstens ein paar Kekse oder Müsliriegel oder ein paar Tafeln Schokolade sollten sich immer an Bord befinden. Als Bordneuling, aber nicht nur als solcher, tun Sie daher gut daran, Kraftnahrung dieser Art als stille Reserve in Ihrem Gepäck zu haben. Denn auch wenn die Pantry reichlich mit Lebensmitteln ausgestattet wurde und der Koch ein seefester Profi ist, kann es passieren, daß Wind und Wellen einen Strich durch den ausgeklügelten Menüplan machen.

Wenn Ihre Charteryacht nicht schon bei der Übernahme mit einem Grundstock an Lebensmitteln ausgestattet ist – bei manchen Firmen gehört diese Vorbestellung zum Service –, dann bleibt der Einkauf wahrscheinlich an Ihnen und den anderen Crewmitgliedern hängen. Sie könnten dafür die Zeit nutzen, in der der Skipper wegen der Schiffsübernahme an Bord ohnedies nicht gestört werden möchte.

Bevor jetzt alle losrennen und zusammengrapschen, was ihnen unter die Augen kommt, sollten alle Crewmitglieder gemeinsam überlegen, wie der Einkauf am besten organisiert werden kann. Dabei werden sie sich nach den örtlichen Gegebenheiten richten müssen. Ist ein großer Supermarkt in der Nähe, wo alles auf einmal eingekauft werden kann, so wird der „Chefeinkäufer" wahrscheinlich nur ein paar „Negersklaven" benötigen, die alles an Bord schleppen, was er erworben hat. Ist es aber notwendig, in verschiedene Richtungen auszuschwärmen, um all das zu bekommen, was man an Bord in den nächsten Tagen braucht, dann sollten die einzelnen Crewmitglieder eine Einkaufliste oder zumindest einen genauen Auftrag erhalten.

Drückt man Ihnen so einen Zettel in die Hand, dann halten Sie sich strikt daran und machen Sie nicht den Fehler, der immer wieder gemacht wird. Da schwärmen die Crewmitglieder aus und kaufen statt der Dinge, die auf ihrer Liste stehen, alles Mögliche zusammen, nur weil es ihnen preislich oder persönlich verlockend erschien. Die Folge: Der Smutje steht vor einem Berg von Billigteigwaren, aber es fehlen ihm sämtliche Zutaten, mit denen er daraus eine schmackhafte Mahlzeit bereiten könnte. Oder: jeder kauft Obst für alle, das dann schneller verdirbt, als man es verwerten kann.

Wenn Sie schon bei Ihrem Einkaufsgang auf ein günstiges Sonderangebot stoßen, von dem Sie der Meinung sind, Ihre Crew könnte davon profitieren, dann notieren Sie den Preis und merken Sie sich die Adresse des Geschäftes, damit Sie es wiederfinden, falls man das Sonderangebot wirklich nützen will.

Lassen Sie sich auch nicht dazu verleiten, mehr von einer Ware zu kaufen, als Ihnen aufgetragen wurde. Der kritische Blick, „das soll für die ganze Crew reichen?" täuscht und belastet die Bordkasse unnötig. Die Augen sind immer größer als der Magen.

Ich habe zumindest immer wieder die Erfahrung gemacht, daß für die meisten Törns viel zu viel eingekauft wird. Die Waren verderben oder müssen zum Schluß verschenkt oder – was noch schlimmer ist – weggeworfen werden. Halten Sie sich also zurück und denken Sie daran, daß man in fast allen Häfen, und seien sie noch so klein, Proviant nachkaufen kann.

Überlegen Sie sich auch, wenn Sie zum Einkauf losgeschickt werden, daß die Lebensmittel, die Sie einkaufen, „schiffstauglich" sein müssen, das heißt, sie müssen an Bord gelagert werden können. Die modernen Verpackungen taugen da oft mehr als die guten alten Papiertüten: Zucker in der Plastiktüte etwa ist besser als Zucker im Papier, aber noch besser wäre Zucker in der Dose, die wieder wäre dem Glas vorzuziehen. Alles was wieder verschließbar ist, bewährt sich besser als Behälter, die nur zum aufreißen oder aufschneiden sind. So würde ich bei Öl eine Glasflasche einer Plastikflasche vorziehen, wenn die Glasflasche einen Schraubverschluß hat. Gleiches gilt für die Getränke. Flaschen, die sich wieder verschließen lassen, eignen sich zum Stauen im schwankenden Kühlschrank immer noch besser als Fruchtsäfte im Karton. Getränke in Dosen wieder sind leichter zu lagern als Getränke in Flaschen. Vakuumverpackte Wurst oder eingeschweißter Käse hält sich länger frisch als offene Ware. Obst und Gemüse sollte man immer nur in „Tagesrationen" einkaufen.

Und noch etwas: Denken Sie, wenn die Einkaufsliste gemeinsam zusammengestellt wird, nicht nur an das Essen. Es gibt auch noch andere Dinge, die man an Bord dringend benötigt. Dazu gehören Reinigungs- und Spülmittel, Taschentücher und Servietten, WC-Papier und Küchenrollen, Kerzen, Zündhölzer, Wisch- und Trockentücher, und vergessen Sie auch nicht den Füllinhalt der Gasflasche zu kontrollieren, beziehungsweise eine Reservekartusche zu besorgen. So ein Schiff ist nun einmal ein X-Personen-Haushalt, daher müssen Sie auch in Haushaltsdimensionen denken.

Werden dann all die Waren an Bord gebracht, dann versuchen Sie sich einzuprägen, wo die einzelnen Dinge gestaut werden. Sie ersparen damit sich und den anderen die enervierende Fragerei „wo ist denn ..." und „wo sind denn ...". Da hinter den meisten Stauplänen System steckt – beispielsweise Kaffee im Frühstücksschapp, Konserven in der Bilge, Gemüse unter der Salonbank –, sollten Sie die Sachen, die Sie benutzen, auch immer wieder auf ihren angestammten Platz zurückstellen. Da gibt es Crewmitglieder, die nehmen das Salz vom Gewürzregal und verstauen es nach Gebrauch beim Frühstücksgeschirr. Die Haltbarmilch, deren Karton im Lebensmittelschapp verkeilt war, wandert auf einen unsicheren Platz in den Kühlschrank und die Ölflasche, im Flaschenhalter standfest gestaut, findet sich plötzlich auf einer Rutschbahn unter den Putzmitteln. Zum Schluß herrscht ein heilloses Durcheinander, nichts ist mehr zu finden, aber alles ist versaut.

Abmelden beim Skipper

Egal ob Sie zum Einkaufen, unter die Dusche der Marina oder in ein nahes Lokal zum Essen gehen: gewöhnen Sie sich vom ersten Tag an, Ihren Skipper zu informieren, wenn Sie das Schiff verlassen. Er sollte immer wissen, wo Sie sind und wie lange Sie ausbleiben. Sie sollten immer wissen, wann Sie an Bord zurückerwartet werden. Es könnte ja sein, daß der Skipper gezwungen ist, zu einer bestimmten Zeit auszulaufen, etwa weil eine Fähre den Liegeplatz beansprucht. Seien Sie daher vom ersten Tag an pünktlich.

Zum Ausklang

Es ist schon fast so etwas wie ein ungeschriebenes Gesetz, daß sich die Chartercrew am ersten Abend in einem Lokal zusammensetzt, um gemeinsam etwas zu essen und den Abend mit einem Drink urlaubsmäßig ausklingen zu lassen. Dagegen ist nichts einzuwenden. Im Gegenteil. So ein gemütlicher Abend bringt die Crewmitglieder einander näher, ein Glas Wein hilft vielleicht dabei, die Respektzäune, die man von zu Hause mitgebracht hat, abzubauen. Aber Vorsicht!

Auch wenn der Abend noch so lau, die Urlaubsstimmung noch so aufgekratzt und die Crewmitglieder noch so nett sind, sollten Sie gerade an diesem ersten Abend Ihren Alkoholkonsum etwas bremsen. Sie könnten es sonst am nächsten Tag bereuen. Es muß ja nicht, aber es könnte sein, daß am nächsten Tag das Meer ein ganz klein wenig bewegt ist, und dann wird Ihnen auch schon ein streichelweicher Kater schlimm zu schaffen machen. Denn die Formel „labiler Magen + Nervosität + Seegang = Seekrank" ist im Chartergeschäft so allgemein gültig wie der pythagoräische Lehrsatz in der Geometrie.

Dabei sind Sie in Wirklichkeit gar nicht seekrank, aber die Auswirkungen sind die gleichen. Daher: wenn Sie den ersten Tag auf See genießen wollen, dann feiern Sie den Abschied vom Landleben nicht zu heftig.

Endlich – Leinen los!

Ob noch am Tag der Anreise, ob erst am nächsten Morgen, irgendwann kommt der Moment, wo es heißt: Leinen los. Das ist immer wieder ein in jedem Sinn des Wortes bewegender Augenblick, auch wenn Sie nicht, wie seinerzeit Christoph Columbus, eine Reise ins Ungewisse antreten.

Mit dem Lösen der Leinen werden Sie erst richtig zum Crewmitglied, wird das Schiff zu einer in sich geschlossenen Welt, in der das Leben nach eigenen Regeln abläuft.

Alles ist plötzlich anders: Ihr Horizont ist weit, aber Ihr Lebensraum von einem dünnen Relingsdraht begrenzt. Der Boden unter Ihren Füßen beginnt, auch bei ruhigem Wetter, zu schwanken und läßt Sie ganz von selbst die wichtigste Regel an Bord entdecken: Eine Hand für das Schiff! Das heißt: verlassen Sie sich nicht auf Ihr Gleichgewichtsgefühl oder Ihr Bewegungstalent: halten Sie sich fest!

Wird Ihnen Arbeit zugeteilt, bei der Sie beide Hände brauchen, dann sichern Sie sich zunächst. Sie können sich dazu gegen eine feste Stütze lehnen (z. B. den Mast oder die Mastverspannungen [Wanten]), Sie können sich hinsetzen oder auf den Knien rutschen oder den Sicherheitsgurt benutzen.

Auch wenn Sie sich an oder unter Deck bewegen, sollten Sie immer mit einer Hand festen Halt suchen. Die Reling eines Segelbootes gilt übrigens nicht als sicher. Die Stützen würden unter dem Gewicht eines Crewmitgliedes sofort nachgeben.

Der beste Platz für einen Neuling ist noch immer das Cockpit, das heißt aber nicht, daß Sie nur dort zu sitzen brauchen, während die anderen arbeiten. Auch für einen absoluten Segelneuling gibt es an Bord Tätigkeiten, in die man nicht eingeschult zu werden braucht: Den Knoten einer Leine zu lösen ist keine Hexerei. Um das Tau an Bord zu holen, mit dem das Schiff an Land festgemacht war, benötigt man keine Segelausbildung. Und um beim Bergen (Wegräumen) der Fender zu helfen, braucht man keinen Segelschein. (Fender sind diese Gummiballons, die verhindern, daß nebeneinanderliegende Boote aneinander scheuern.)

Aber egal ob Sie zum Leinen einholen oder zum Segelsetzen eingeteilt werden, bremsen Sie Ihren Eifer, bis tatsächlich das Kommando dazu erfolgt. Neulinge neigen dazu, übereilt zu handeln.

Die Absichtserklärung „jetzt werden wir ablegen" gilt, auch wenn sie vom Skipper persönlich kommt, noch lange nicht als Aufforderung, die Leinen loszuwerfen. Warten Sie mit jedem Manöver, bis tatsächlich das entsprechende Kommando ertönt, arbeiten Sie dann aber zügig und konzentriert.

Segelkommandos haben nichts mit militärischem Drill zu tun, sondern sie sollen helfen, die notwendigen Handgriffe an Bord in der richtigen Reihenfolge ablaufen zu lassen. Es ist daher gar nicht so wichtig, daß die Kommandos der einstudierten Norm entsprechen, solange sie so klar gegeben werden, daß jeder Beteiligte sie versteht. Seien Sie also nicht enttäuscht, wenn Sie statt der erwarteten Lehrbuchkommandos nur launige Sprüche hören. Skipper sind da mitunter sehr erfindungsreich. (Außerdem – aber das bleibt unter uns – ist „Rauf mit der Wäsche", als Kommando zum Segelsetzen fast verständlicher als das formelle „heißt die Segel".)

Allerdings: sollten Sie einmal wirklich nicht verstehen, was zu tun ist, dann scheuen Sie sich nicht, beim Skipper rückzufragen. Es ist besser, Sie verzögern ein Manöver wegen dieser Erklärung um ein paar Augenblicke, als Sie verhauen es durch Unwissenheit ganz. Unerfahrenheit ist gerade im Segelsport keine Schande, auch alte Seebären haben gewisse Manöver nicht immer im Kopf und im Griff. Und wenn Sie von Ihrem ersten Törn profitieren wollen, dann sollten Sie nicht nur wissen, was Sie zu tun haben, sondern auch verstehen, warum Sie etwas tun. Denn erst wenn alle Crewmitglieder an Bord den Sinn der Manöver verstehen, klappt das Zusammenspiel richtig.

Wichtige Segelmanöver

Einige der Manöver, an denen Sie wahrscheinlich schon am ersten Tag Ihres ersten Törns nicht vorbeikommen, nämlich An- und Ablegen, Segel setzen und bergen, Reffen, Wenden und Ankern, laufen auf allen Booten nach immer dem gleichen Schema ab. Sie können sich daher, lange bevor es soweit ist, mit den dazu nötigen Einrichtungen an Deck und mit den notwendigen (einfachen) Handgriffen vertraut machen.

Ablegen

Zwangsläufig beginnt jeder Segeltörn mit dem Ablegen. Dazu müssen im Prinzip nur die Leinen gelöst werden, mit denen das Schiff an Land festgemacht ist. Liegt das Schiff längseits am Steg oder an der Mole, so sind es mindestens zwei – nämlich die Vor und die Achterleine –, manchmal aber auch vier Leinen (eine zusätzliche Vor- und Achterspring), die gelöst werden müssen. Welche Leinen zuerst entfernt werden bestimmt der Skipper. Die Handgriffe aber sind immer die gleichen: Die Leine wird an Bord so weit von der Klampe gelöst und gefiert (also nachgelassen), daß sie von einem zweiten Mann an Land von der Befestigung (Poller, Ring) genommen werden kann. Ist die Leine am Landende frei, wird sie an Bord (nicht an Land) geholt und zwar zügig. Letzteres gilt vor allem für die letzte Leine. Denn ist die letzte Verbindung gelöst, muß das Schiff Fahrt aufnehmen, um manövriert werden zu können. Damit besteht die Gefahr, daß die Leine in die Schraube gerät.

Liegt das Schiff mit dem Heck zur Pier, so ist es achtern meist mit zwei Leinen festgemacht. Oft ist es dann so, daß wenigstens eine davon „auf Slip" gelegt wird, das heißt, die am Schiff festgemachte Leine läuft über den Festmacher an Land zurück an Bord. Der Vorteil: es muß kein Mann an Land steigen, um die Leine loszumachen, sondern die Leine kann vom Schiff aus eingeholt werden. Auch das geschieht meist, wenn das Schiff schon Fahrt aufgenommen hat.

Liegt das Schiff mit dem Heck zum Steg, kann der Bug in verschiedener Weise fixiert sein. Durch Leinen, die an Pfählen befestigt sind und auf Kommando losgeworfen werden, durch einen Anker, der beim Ablegen langsam aufgeholt wird (mehr darüber später), oder durch eine Grundleine (Mooring oder Muring genannt). Sie ist am Hafengrund befestigt und wird daher nicht an Bord genommen, sondern nach dem Lösen von der Klampe im Wasser versenkt. Sie kann mit einer Boje oder einer Hilfsleine, die zur Mole führt, wieder aufgefischt werden.

Leinen bleiben nicht einfach an Bord liegen, sondern werden ordentlich gebündelt (aufgeschossen) und verstaut. Ebenso werden die Fender, die vermutlich an den Relingsdurchzügen befestigt waren, an Bord genommen und verstaut. Wo, sagt Ihnen der Skipper.

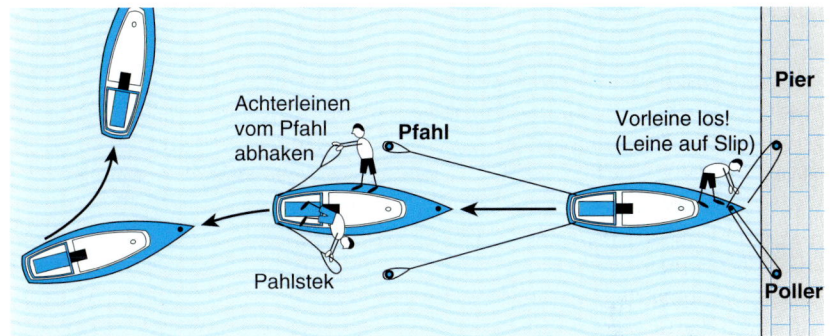

Ablegen, wenn das Boot mit dem Bug zur Pier und mit den Achterleinen an Pfählen liegt. Genauso, nur umgekehrt, spielt es sich ab, wenn die Yacht mit dem Heck zur Pier und dem Bug an Pfählen liegt.

Haben Sie es gemerkt?
Für das ganze Ablegemanöver ist weder Kraft noch Ausbildung nötig. Da kann jeder Anfänger, egal ob männlich oder weiblich, mittun.

Anlegen

Mit dem Anlegen ist es nicht mehr ganz so einfach, da will doch einiges gelernt sein. Sie müssen sich also darauf beschränken, Handlangerdienst zu leisten oder Sie versuchen ein Notprogramm durchzuziehen, bis Ihnen ein kundiges Crewmitglied zu Hilfe kommen kann.

Der Handlangerdienst: Sie steigen als erster an Land, übernehmen die Leine, legen das hoffentlich vorbereitete Auge über den Poller oder ziehen ein Ende durch den Ring und reichen die Leine zurück an Bord.

Versuchen Sie bei diesem Manöver nie an Land zu springen. Wenn Sie von der Molenkante abrutschen, kann das böse Folgen haben. Daß Sie im Wasser landen ist die harmloseste, ein paar gebrochene Rippen die schlimmste.

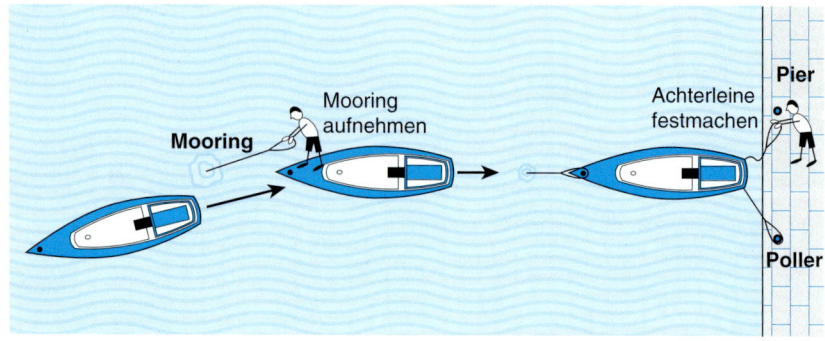

So etwa läuft das Anlegen ab, wenn man mit dem Heck zur Pier anlegt und mit dem Bug an einer Muringboje oder einem Muringgeschirr festmacht, wie das in Mittelmeerhäfen häufig der Fall ist.

Warten Sie lieber, bis das Schiff wirklich in Schrittentfernung ist. Der beste Platz zum Übersteigen ist etwa auf der Höhe des Mastes, dort wo das Schiff am „dicksten" ist. Dort haben Sie die Möglichkeit, sich an der Want festzuhalten, wenn Sie richtig übersteigen, nämlich zuerst über die Reling und dann von außen auf die Mole. Auch wenn Sie auf ein anderes Schiff übersteigen, steigen Sie zuerst über die eigene Reling, dann aufs andere Schiff und dann erst über die fremde Reling.

Sind Sie bei einem Festmacher auf sich allein gestellt, so lassen Sie sich, so lange noch Zeit ist, die Leine von einem versierten Kameraden an Bord belegen. Dann können Sie beim Anlegen folgendes Notprogramm durchziehen: Gibt es an Land jemand, dem Sie die Leine zuwerfen können, so tun Sie es. Kommt das Ende dann zurück, so schlingen Sie es einfach zwei-, dreimal um die Klampe. Das genügt, um so viel Reibung zu erzeugen, daß Sie das Schiff locker mit einer Hand halten können, bis jemand die Leine gekonnt auf der Klampe belegt.

Müssen Sie selbst mit der Leine an Land, so fackeln Sie nicht lange. Schlingen Sie das Ding möglichst schnell ein paarmal um den Poller. Damit ist das Schiff provisorisch fixiert, und Sie können in Ruhe auf Unterstützung warten.

Dieses Leinengebinde ist ein Palstek. Er bildet eine „Schlaufe", die sich nicht zusammenziehen kann. Er ist ein Universalknoten und dient besonders, wie sein Name besagt, zum Festmachen an Pfählen.

Segel setzen

Wirklich aufregend wird es an Bord für jeden Neuling aber erst, wenn erstmals die Segel gesetzt werden. Da müssen Sie einfach dabei sein! Und so schwierig ist die Sache auch wieder nicht.

Viele Segelboote und auch die allermeisten Charterschiffe verfügen heute schon über eine Rollreffanlage für das Vorsegel. Das erkennt auch der Laie, weil das Vorsegel sichtbar um das Vorstag gerollt ist. (Vorstag ist das Drahtseil, das zwischen Bug und Mastspitze gespannt ist.) Um dieses Vorsegel zu entrollen, braucht man nur an einer der Schoten (Leinen) zu ziehen, die vom Vorsegel zurück ins Cockpit führen. Zieht man an der richtigen Seite, das heißt in Lee, so genügt es, ein kleines Stück des Segels auszurollen, den Rest besorgt schon der Wind. Er sollte es aber nicht unkontrolliert tun, deshalb ist zum Entrollen des Vorsegels doch ein zweiter Mann notwendig.

Während sich nämlich das Segel entrollt, wird auf einer Trommel am unteren Ende des Vorstags eine zweite Leine aufgerollt, die meist vom Cockpit entlang der Reling nach vorne läuft. Zieht man an dieser Leine, beginnt die Trommel zu rotieren und das Segel wird ganz oder teilweise wieder eingerollt.

Damit der Wind das Segel nicht unkontrolliert entrollen kann, sollte der zweite Mann diese Rollreffleine nur ganz langsam freigeben, während der erste die Schot mit der Winsch schon dichtholt. Wenn die beiden gut zusammenspielen, bleibt das Segel immer unter Kontrolle.

Segel setzen: Auch an den Segeln gibt es verschiedene Benennungen. Am Kopf wird das Fall (zum Hochziehen des Segels) angeschäkelt. Das Unterliek wird in den Baum gezogen, manchmal läuft es auch mit Rutschern auf dem Baum, das Schothorn wird am Ende des Baumes festgebändselt, der Hals vorne am Baum eingehakt. Das Vorliek läuft in einer Nut im Mast oder mit Rutschern auf einer Schiene am Mast. Die Segellatten steifen das Achterliek aus.

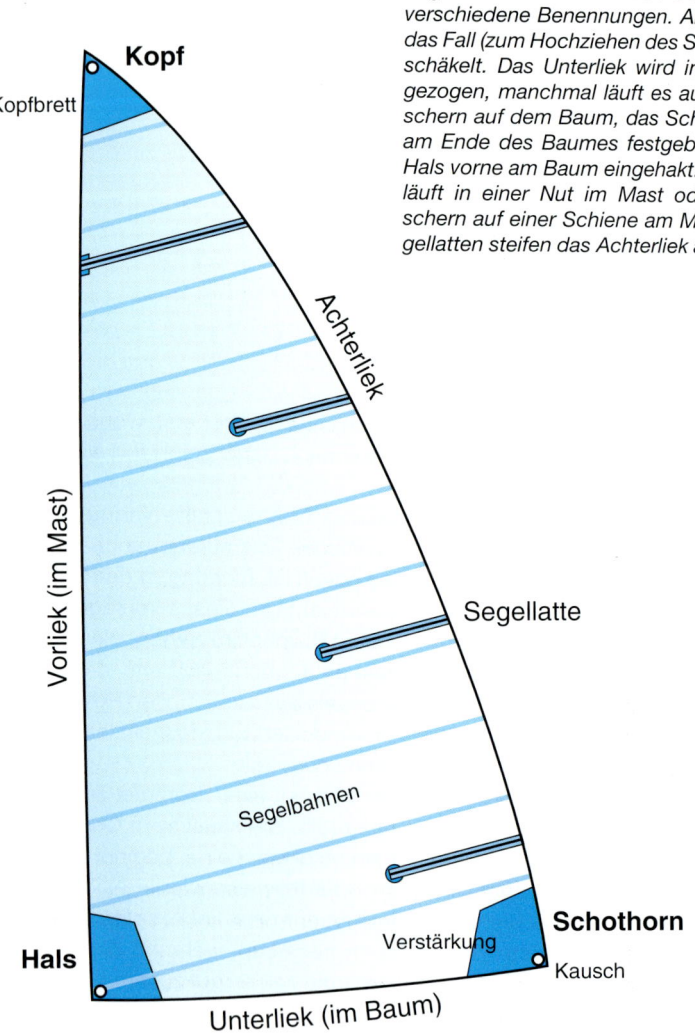

Kopf

Kopfbrett

Achterliek

Vorliek (im Mast)

Segellatte

Segelbahnen

Schothorn

Hals

Verstärkung

Kausch

Unterliek (im Baum)

Versuchen Sie weder die Vorschot noch die Rollreffleine frei aus der Hand zu bedienen. Legen Sie sie, je nach Windstärke einmal oder mehrmals über die Winsch. Sie dient als Bremse, falls der Wind plötzlich in das Segel fährt.

Es gibt auch Rollanlagen für das Großsegel, die dann nach dem gleichen Prinzip funktionieren, auf den meisten Schiffen wird das Groß aber immer noch auf die herkömmliche Weise gesetzt: Es wird an einer Leine, dem Großfall, hochgezogen.

Dieses Fall hängt entweder frei außen am Mast herunter oder es wird bis etwa Überkopfhöhe im Mast geführt und tritt erst dort durch eine Öffnung aus.

Eigentlich brauchen Sie nur an der Leine kräftig nach unten zu ziehen, um das Segel nach oben zu befördern. Daß Sie vorher die Bändsel lösen, mit denen das Segel auf dem Großbaum aufgetucht ist, versteht sich von selbst.

Falls auf Ihrem Schiff dafür die heute so beliebten Gummischnüre verwendet werden, seien Sie vorsichtig: Die Dinger schnellen, sobald man sie löst, mit ungeheurer Wucht zurück. Das kann zu schweren Augenverletzungen führen.

Wenn Sie auf einem größeren Boot das Segel hochziehen, werden Sie wahrscheinlich auch noch mit anderen Leinen zu kämpfen haben, die am Ende des Großbaums das Segel fixieren: den Reffleinen.

Sie werden meist im Großbaum nach vorne zum Mast geführt und dort festgeklemmt. Öffnen Sie die Klemmen und die Leinen rutschen nach, je höher Sie das Segel ziehen.

Irgendwann kommt der Moment, wo Muskelkraft und Körpergewicht nicht mehr ausreichen, das Segel flott nach oben zu ziehen. Dann muß die Winsch am Mast helfen, das Segel die letzten Meter nach oben zu kurbeln.

Beides, das Setzen von Hand und das Kurbeln erfordern einen gewissen Krafteinsatz. Nicht daß es Damen nicht schaffen würden, aber wenn schon kräftige Männer an Bord sind …

Bei beiden Arten des Segelsetzens, beim Ausrollen wie beim Heißen, sollten Sie auf eine gewisse Relation zwischen Krafteinsatz und Wirkung achten. Wenn der Kraftaufwand zu groß wird, ist das meist ein Zeichen, daß irgendetwas nicht stimmt. Eine Leine hat sich verklemmt, ist aus einer Führungsrolle gesprungen, hat sich vertörnt …

Oder eine der Leinen, die in die Gegenrichtung zieht, muß gefiert werden. Beim Segelsetzen könnten es die Großschot oder der Baumniederholer sein.

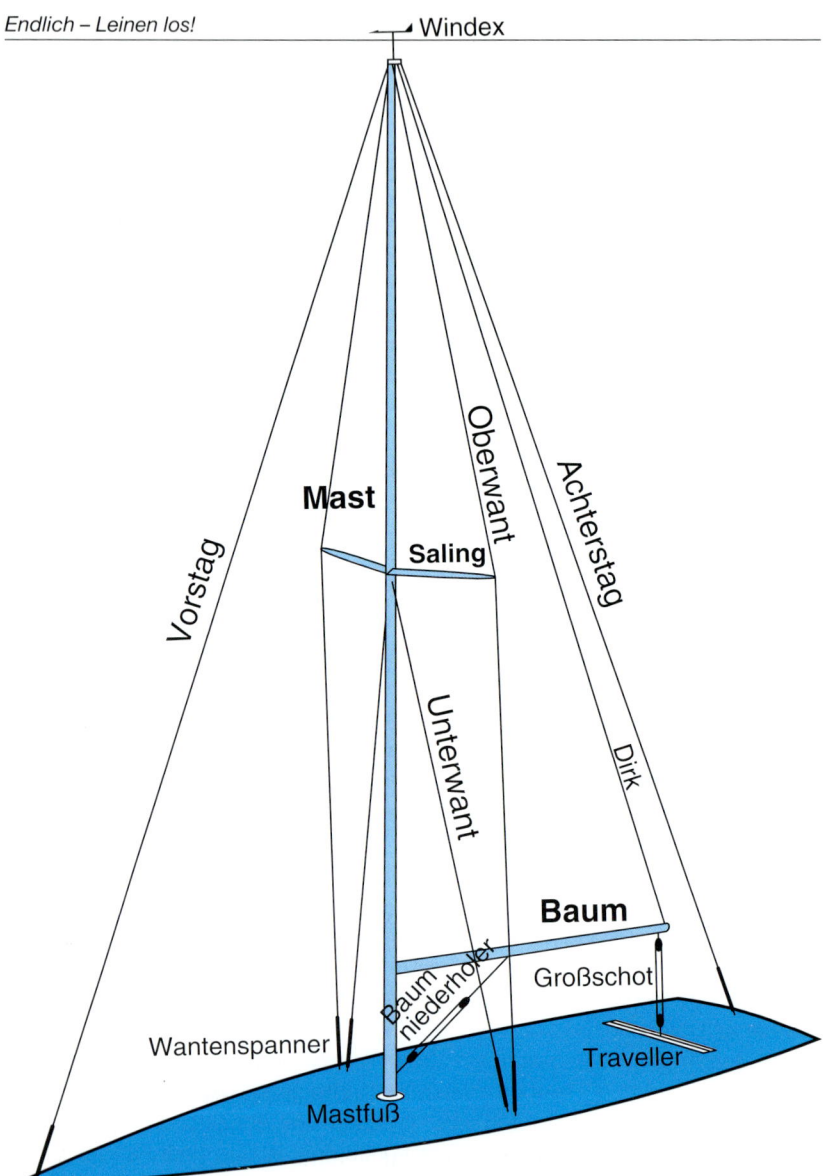

Was eine Yacht erst zu einer Segelyacht macht, ist das Rigg, früher Takelage genannt. Wanten und Stage dienen der „Verspannung" des Mastes. Je höher ein Mast ist und je mehr Masten eine Yacht hat, umso mehr Wanten und Stage gibt es. Die Dirk hält den Baum, wenn kein Segel angeschlagen ist. Er würde sonst mit seinem Ende an Deck knallen.

Ich will Sie mit all diesen Begriffen nicht verwirren, aber das System von Leinen ist nicht so schwierig zu durchschauen wie es scheint. Sie merken es sich leichter, wenn Sie Zug und Gegenzug zu Paaren ordnen.

Vom Mast zum Bug zieht das Vorstag, zum Heck das Achterstag.

Nach Steuerbord und Backbord wird der Mast durch die Wanten verspannt.

Von der Mastspitze zum freien Ende des Großbaumes führt die Dirk, sie zieht den Baum wie einen Kranarm in die Höhe. In die Gegenrichtung wirken Großschot und Niederholer.

Noch mehr Leinen, die vom Mast baumeln, sind für weitere Segel bestimmt oder dienen als Reserve.

Reffen

Erwähnt wurden schon die Reffleinen, die auf manchen Schiffen vorhanden sind. Sie kommen zum Einsatz, wenn die Segelfläche wegen zu starken Windes verkleinert werden muß.

Dazu wird das Segel wieder ein Stück nach unten gelassen und vorne und hinten am Großbaum in dieser verkürzten Version fixiert. Vorne meist mit einem Haken, hinten entweder mit einer der vorhandenen Leinen, oder es wird mit einem Stück Tauwerk am Großbaum festgebunden. Dazu sind ins Segel Ösen, sogenannte Reffkauschen, eingearbeitet.

Reffen ist, wenn es bei ruhigem Wetter geübt wird, keine große Hexerei. Bei Starkwind und entsprechendem Seegang sieht die Sache dann anders aus: Das lose Segel schlägt im Wind, die Leinen knallen und sind kaum zu bändigen. Da ist Eile geboten, jeder Handgriff sollte sitzen.

Passen Sie daher genau auf, wenn das Reffen demonstriert wird und merken Sie sich die einzelnen Schritte.

Beim Segelsetzen, beim Reffen und beim Bergen des Segels sollten immer alle Luken an Deck geschlossen sein, auch wenn es der Seegang noch nicht notwendig erscheinen läßt. Durch die konzentrierte Arbeit am Segel achtet man meist nicht darauf, wo man hintritt. Und ein Tritt in ein offenes Luk kann schmerzliche Folgen haben. Ich weiß es aus leidvoller Erfahrung.

Segelbergen

Segelbergen ist wieder eine Tätigkeit, bei der alle Crewmitglieder zusammenarbeiten können. Es erfordert weder Kraft noch Geschick: Sobald das Segel fällt, versucht man es vom Ende des Baumes her in Falten links und rechts über den Baum zu legen und festzubinden. Der Trick dabei: der regelmäßige Zug nach hinten verhindert, daß sich im Drittel vor dem Mast die Segelmassen türmen. Reffs, die schon eingebunden waren, brauchen vor dem Auftuchen nicht gelöst zu werden. Im Gegenteil, das Dichtholen der Reffleinen hilft sogar, den Großteil des Segels zu bändigen.

Wenden

Ist Ihr Boot erst mal unter Segeln unterwegs, ist bei jeder Kurskorrektur auch eine Veränderung der Segelstellung notwendig. Das auffallendste Manöver dieser Art ist die Wende, weil dabei beide Segel von einer Schiffsseite zur anderen wechseln. Das Großsegel tut das von selbst, da braucht nach der Kursänderung allenfalls die Großschot nachjustiert zu werden.

Beim Vorsegel muß dagegen die eine Schot losgeworfen, die andere dichtgeholt werden. Beides kann, nach einmal Zuschauen, jeder Neuling an Bord. Daher geht es auf vielen Yachten gar nicht darum, wer es kann, sondern wer es am schnellsten kann.

Für das Manöver müssen beide Schotwinschen besetzt sein. Und der Rudergänger mischt auch noch mit. Teamwork ist angesagt. Ohne klare Kommandos tun sich da auch erfahrene „Winschknechte" schwer.

Wenden heißt, mit dem Bug durch den Wind gehen. Unter kreuzen versteht man, sich mit ▷
einem Zickzack-Kurs einem Ziel zu nähern. Dazu sind viele Wenden nötig.

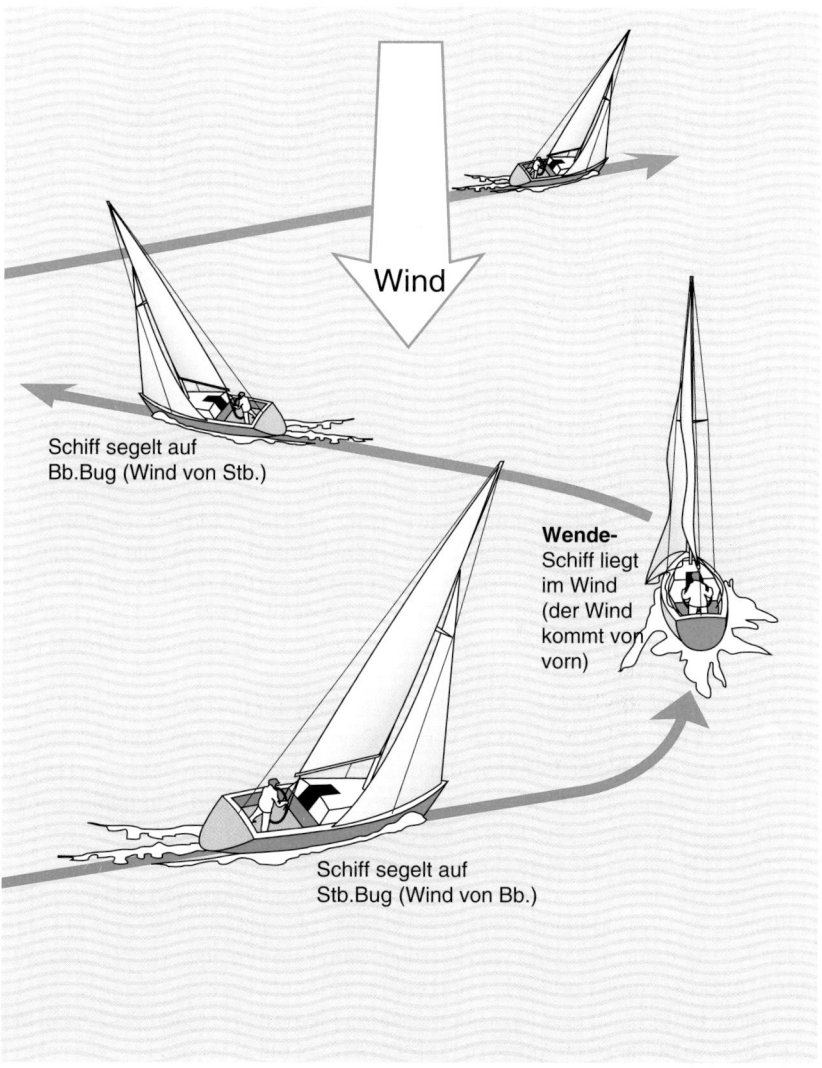

Wind

Schiff segelt auf
Bb.Bug (Wind von Stb.)

Wende-
Schiff liegt
im Wind
(der Wind
kommt von
vorn)

Schiff segelt auf
Stb.Bug (Wind von Bb.)

Die Absicht zu wenden kündigt der Rudergänger korrekt mit dem Kommando „Klar zur Wende" an, er kann die Kameraden aber auch durch ein simples „Wir sollten jetzt wenden" aufscheuchen. Die Vorbereitungsphase beginnt. Dazu werden an beiden Winschen zunächst die Leinen klariert, die vorerst noch unbelastete Luvschot wird in der richtigen Richtung (!) über die Winsch gelegt, der Mann, der sie bedient, sucht sich einen sicheren Stand. Auch die zweite, die belastete Schot, wird für ein schnelles Lösen vorbereitet. Sind beide Mann bereit, melden sie das dem Rudergänger. „Ist klar!" wäre die korrekte Rückmeldung. Mit einem weiteren Kommando, nämlich dem aus jedem Kreuzworträtsel bekannten „Ree", beginnt die eigentliche Kursänderung.

Jetzt heißt es aufpassen: Lösen Sie die belastete Schot zu früh, so fetzt Ihnen der Wind die Schot aus der Hand. Also warten Sie, bis der Rudergänger die Yacht in den Wind gebracht hat. Sie erkennen es daran, daß das Segel schlapp zur Schiffsmitte einfällt. Jetzt ist es ungefährlich, jetzt können Sie die Schot von der Winsch lösen und freigeben.

Haben Sie bei der Jobvergabe das arbeitsintensivere Los an der anderen Winsch gezogen, so beginnt auch Ihr Einsatz mit dem Moment, da das Boot durch den Wind dreht. Kaum daß das Vorsegel einfällt, sollten Sie wie wild zu ziehen beginnen. Sind Sie fix, dann haben Sie die Schot dichtgeholt, ehe der Wind wieder in das Segel fährt. Schaffen Sie es nicht rechtzeitig, dann hilft nur eines: kurbeln! Legen Sie dazu die Leine noch einmal über die Winsch und stecken Sie erst dann die Kurbel an.

Warnung: Sollte aus irgend einem Grund der Zug auf der Schot zu stark werden, lassen Sie sie sausen. Jeder Versuch, sie mit der bloßen Hand zu bändigen oder gar durch eine Schlinge um den Handrücken einen besseren Halt zu bekommen, kann zu schmerzhaften Verbrennungen führen. Ein mißlungenes Manöver ist da sicher das kleinere Übel. (Die Warnung bezieht sich auf alle Manöver, bei denen Tauwerk durch Ihre Hand geht.)

Winschen gibt es in verschiedenen Größen und Ausfertigungen. Manche sind einfache, im Uhrzeigersinn drehbare Walzen, bei denen auch Zug auf den losen Teil der Leine ausgeübt werden muß, damit sie ihre holende Wirkung entfalten. Andere – meist größere – sind wahre Wunderwerke der Technik, mit einem Ring, in den sich das Tauwerk selbst festklemmt und einer Mechanik, die es erlaubt, in beide Richtungen zu kurbeln: einmal mit einer großen, einmal mit

Die belastete Leeschot ist zum schnellen Loswerfen vorbereitet. Erst dann die Schot von der Winsch lösen, wenn kein Druck mehr auf dem Vorsegel steht. Aufpassen, daß sich die Winschkurbel nicht davonmacht.

Ideal ist eine sogenannte selbstholende Winsch. Man hat beide Hände frei zum kurbeln, statt mit einer Hand gleichzeitig am freien Ende der Schot ziehen zu müssen.

einer kleinen Übersetzung. Auf der kleinen bringen auch zarte Hände etwas weiter.

Ankern

Wenn Sie schon bei Ihrem ersten Törn von abgeschiedenen, einsamen Buchten träumen, dann sollten Sie sich auch mit den grundsätzlichen Techniken des Ankermanövers befassen, denn ohne Anker keine einsame Bucht.

Was man zum Ankern braucht, finden Sie im Vorderteil Ihres Schiffes, nämlich den Anker selbst – sichtbar zwischen den beiden Teilen des Bugkorbes gelagert – die Kette, die im Ankerkasten untergebracht ist und die Ankerwinsch, die entweder gleichfalls im Ankerkasten steckt oder sichtbar an Deck montiert ist.

Fehlt nur noch das Bedienungsrelais, das sich, entweder an einer Art Telephonschnur montiert, im Kettenkasten befindet oder dort erst mit einem Stecker verschraubt werden muß. Die dritte Möglichkeit: die Knöpfe für „Auf" und „Ab" sind – für den Fußbetrieb – im Deck integriert.

Es gibt aber noch eine Möglichkeit: Die Winsch funktioniert nur mit Handbetrieb. Auch kein Malheur. Dann wird sie mit einem Steckgriff bedient, der sich (hoffentlich) irgendwo im Ankerkasten findet.

Wenn Sie sich für das Ankermanöver als Vorschiffsmann melden, dann sollten Sie zunächst Ihre Arbeitshandschuhe hervorholen – jetzt wissen Sie, warum sie auf der Packliste stehen.

Für das eigentliche Manöver ist der Anker zunächst in die richtige Position zu bringen. Das heißt, öffnen Sie den Kettenkasten, lösen Sie allfällige Leinen, mit denen Anker oder Kette gesichert sind und spulen Sie, automatisch oder von Hand, etwa einen halben Meter Kette von der Winsch. Geben Sie dann dem auf einer Rolle gelagerten Anker einen Schubs, so daß er von selbst losrauscht, sobald Sie die Kette freigeben.

So vorbereitet, können Sie dem Schiffsführer melden, daß Sie bereit sind: „Anker ist klar."

Rührt sich bei Ihren Vorbereitungsarbeiten nichts, obwohl Sie kräftig das „Ab"-Knöpfchen gedrückt haben, so wurde wahrscheinlich vergessen, in der Navigationsecke die Ankerwinsch zu aktivieren. (Sie erinnern sich: jede Pumpe,

Ankerwinsch mit Kette und sogenanntem Pflugscharanker, der in der Bugrolle liegt, jederzeit bereit zum Fallen, das heißt, heruntergelassen zu werden.

jeder Stromkreis muß eigens eingeschaltet werden. Die Ankerwinsch ist ein großer Stromfresser und hat meist einen eigenen Schalter.)

Haben Sie Ihre Bereitschaft kundgetan, brauchen Sie nur noch auf das Kommando „Anker fallen" oder „Anker marsch" zu warten. Der Skipper gibt es im richtigen Moment. Dann haben Sie zwei Möglichkeiten. Die erste: sie drücken den Knopf „Ab" so lange, bis es heißt, „Anker stop", oder Sie lassen den Anker ohne viel Technik ins Wasser. Dazu müssen Sie wissen: die Scheibe auf der Winsch, die die Kette transportiert, besteht aus zwei Hälften, die durch eine Schraube aneinandergepreßt werden. Lösen Sie diese Schraube mit dem schon erwähnten Steckgriff, so hat die Kette keinen Halt mehr, erst der Anker und dann das eigene Gewicht ziehen sie ins Wasser. Um die Kette zu stoppen, brauchen Sie nur die Schraube wieder anzuziehen.

Wo Sie den Anker fallen lassen und wieviel Kette Sie „stecken", sagt Ihnen der Skipper. Für gewöhnlich läuft das Ankermanöver in zwei Teilen ab. Ist der Anker gefallen und ein Teil der notwendigen Kette ausgelegt, so wird die Kette gestoppt, während das Schiff weiter rückwärts fährt. Durch den Zug soll der Anker in den Grund gegraben werden. Ob er hält, merken Sie an der Kette – sie spannt sich schräg nach vorne. Belasten Sie die Kette, indem Sie draufsteigen, so wird sie Sie richtig aufheben. Faßt der Anker nicht richtig, so merken Sie es gleichfalls mit dieser Belastungsprobe: Ruckt die Kette, so rutscht der Anker über den Grund. „Er slippt". Hält der Anker, so wird, je nach Wassertiefe, noch weiter Kette gesteckt.

Anker auf

Auch zum Anker-auf-Manöver sollten Sie wieder Ihre Arbeitshandschuhe tragen. Es könnte sein, daß Sie im Kettenkasten ordnend eingreifen müssen. Stoppen Sie in diesem Fall erst die Winsch. Und sollte Ihnen beim Ankern oder beim Aufholen das Malheur passieren, daß die Kette von der Winsch springt und unkontrolliert ins Wasser rauscht, versuchen Sie nicht sie zu stoppen. Weder mit der behandschuhten Hand noch mit dem Fuß. Der Verletzungsgefahr ist dabei sehr groß.

Streikt die Elektrik oder Hydraulik, dann können Sie die Winsch mit Hilfe des schon erwähnten Steckgriffes auch von Hand bedienen und den Anker Stück für Stück an Bord „pumpen".

Müssen Sie das Ding gar Hand über Hand aufholen, so tun Sie das nicht mit krummen Rücken. Strecken Sie sich und arbeiten Sie im Rhythmus, dann kann Ihnen ein zweiter Mann auch leicht zur Hand gehen.

Ganz wichtig ist es, dem Rudergänger mitzuteilen, wann der Anker aus dem Grund ist. Das Schiff hat ja in diesem Moment jeden Halt verloren, und melden Sie auch, wenn Sie den Anker aus dem Wasser haben. Dann nämlich kann das Schiff normale Fahrt aufnehmen.

Ihre Aufgabe aber ist erst erledigt, wenn der Anker wieder gesichert in seiner Halterung liegt, die Fernbedienung verstaut und der Ankerkasten geschlossen und verschlossen ist. Und die Stromzufuhr zur Winsch sollten Sie auch noch abdrehen.

Am Ruder

Mit der Arbeit auf dem Vorschiff, an den Leinen und Schoten beweisen Sie zwar, daß Sie Ihren ersten Törn nicht nur als Badegast mitmachen wollen, doch das wirkliche Segelerlebnis kann nur eine Tätigkeit vermitteln: erstmals am Ruder zu stehen, erstmals eine Yacht mit eigenen Händen durch die Wellen zu steuern.

Für mich war es ein so eindrucksvolles Erlebnis, daß ich mich heute, gut 35 Jahre später, noch lebhaft daran erinnere: Es war auf einem schottischen Fischtrawler, und es war in der Nordsee, als mich der Captain völlig überraschend hinter das Steuerrad schubste, mir einen Kurs von 85° befahl (selbst daran erinnere ich mich) und Sekunden später zum Mittagessen unter Deck verschwand. Da war ich allein in dem winzigen Steuerhaus, vor mir der tanzende Bug, und sonst nichts als Nordsee.

Ich begann gerade das Gefühl auszukosten, Herr über einen Trawler zu sein, als ich entsetzt feststellte, daß ich bereits um 10 oder 15 Grad vom Kurs abgekommen war. Dabei hatte ich das Steuerrad gar nicht bewegt. Jetzt mußte ich es tun. Ich drehte. Nichts. Ich drehte weiter. Da, endlich begann die Kompaßnadel zurück zu wandern. Und war auch schon, ehe ich reagieren konnte,

an den 85 vorbei. Zwanzig Grad und mehr. Ich riß das Rad zurück. Pendelte wieder über den Kurs in die eine und dann wieder in die andere Richtung. Wartete erst auf Hilfe, dann auf Schelte von unten. Aber keiner ließ sich blicken. Ich starrte verkrampft auf den Kompaß. Versuchte die Pendelbewegung einzudämmen, weg von der Schlangenlinie zu kommen und schmierte doch immer wieder über die magische 85. Erst allmählich kam ich dahinter. Je weniger hektisch ich am Rad kurbelte, um so leichter konnte ich mich der Kurslinie nähern.

Ich mußte dem Trawler Zeit lassen, auf zarte Ruderbewegungen zu reagieren. Und begann das Boot zu drehen, so mußte ich schon die Gegenbewegung einleiten, nicht erst, wenn der Kurs anlag.

Der Skipper, der später wieder im Ruderhaus erschien, gab mir noch einen Tip: Starr nicht auf den Kompaß, sondern wirf nur einen kontrollierenden Blick drauf. Bist du wirklich weit vom Kurs, dann führe das Schiff langsam zurück. Jedes Schiff, erklärte er weiter, hat besonders bei Seegang eine Tendenz, nach einer bestimmten Seite aus dem Ruder zu laufen. Erkennt man die Tendenz, kann man durch kurze, leichte Ruderbefehle vorbeugend gegensteuern.

Sind Orientierungshilfen, etwa Landmarken, in Sicht, und seien sie noch so weit entfernt, so ist es besser sich daran zu orientieren, als ständig auf den Kompaß zu starren. Bei Nacht etwa kann man sich einen hellen Stern als Orientierungspunkt „an den Mast hängen".

Sollten Sie bei Ihrer ersten Ruderwache die gleichen Erfahrungen machen wie ich, dann denken Sie an die Tips des Trawler-Skippers, die ich noch durch einen ergänze: Lassen Sie dem Boot in den Wellen einen gewissen Spielraum. Zwingen sie es nicht hart auf den Kurs. Eine wirklich gerade Linie schaffen Sie ohnedies nicht. Und 5° einmal Steuerbord, einmal Backbord sind besser als einseitig 3° neben dem Kurs.

Wie Sie aus der Beschreibung der Manöver sehen, ist Segeln nicht nur ein Sport für Wikinger und starke Männer. Die Damen brauchen wirklich nicht zurückzustehen, schließlich gibt es Damencrews, die jedes dieser Manöver perfekt beherrschen und – Regatten gewinnen! Die weiblichen Mitglieder einer Crew als „Aufputz" zu betrachten und zu einem Galionsfigurendasein zu verurteilen ist ebenso falsch wie der Glaube, daß Damen besser kochen können und daher in die Kombüse gehören. Es gibt unter den Herrn mindestens so viele gute Schiffsköche, wie es unter den Damen gute Segler gibt.

Auf Wache

Wenn im Zusammenhang mit Ihrer Tätigkeit an Bord schon wiederholt von Wachen die Rede war, so stellen Sie sich darunter hoffentlich nichts Militärisches vor. Die Wacheinteilung soll dazu dienen, die einzelnen Aufgaben an Bord möglichst gleichmäßig auf alle aktiven Crewmitglieder aufzuteilen, damit jeder seine Mütze Schlaf bekommt, nicht einer stundenlang ununterbrochen am Ruder steht oder das Los des Geschirrspülens nicht immer dieselben trifft.

Sie können sich ruhig auch schon bei Ihrem ersten Törn bei der Wacheinteilung berücksichtigen lassen, denn als Neuling wird man Sie ohnedies mit einem erfahrenen Wachführer zusammenspannen, der sich um all die schwierigen Dinge wie Navigation oder Segeltrimm kümmert.

Nehmen Sie die Wacheinteilung ernst und versuchen Sie, Ihre Gefährten so gut wie möglich zu unterstützen, dann wird man Sie bald auch an größere Aufgaben heranführen. Der schöne alte Brauch des Kielholens als Strafe für Wachvergehen ist zwar auf einem Charterschiff unserer Tage sicher nicht mehr lebendig, doch es ist ein Gebot der Fairneß gegenüber den Bordkameraden, daß man einen Auftrag, auch wenn man ihn freiwillig übernommen hat, nach bestem Können ausführt.

Bleiben Sie auf Posten

Und noch etwas: Wenn Sie der Skipper bei einem Manöver auf einen gewissen Platz einteilt, dann bleiben Sie auf Ihrem Posten. Auch das ist eine Unart, die bei vielen Segelneulingen (aber nicht nur bei ihnen) zu bemerken ist: In der – zugegeben – guten Absicht, einem Kameraden zu helfen, der mit seiner Arbeit nicht klarkommt, verlassen Sie den Ihnen bestimmten Platz und müssen dann mitunter selbst ersetzt werden. Das führt zu einem schrecklichen Durcheinander und zu Hektik, beides kann zum Scheitern eines Manövers beitragen.

Es versteht sich von selbst, daß bei einem Manöver immer nur einer Kommandos geben kann: der Skipper. Er ist die Autorität in allen Fragen der Schiffsführung. Denn egal welchen Crewvertrag Sie unterschrieben haben, die Frage der Verantwortung ist auf allen Schiffen einfach geregelt: Jeder für sich und der

Kapitän für alle und alles. Das gilt auch für den Fall, daß der Skipper die Kommandovollmacht für eine gewisse Zeit einem Wachführer überträgt. Die Letztverantwortung kann er nicht abgeben.

Falls Ihre Mithilfe bei dem einen oder anderen Manöver nicht erforderlich ist, machen Sie sich dünn. Ein guter Platz ist in der Plicht, weil Sie dort nicht nur niemandem im Weg stehen, sondern auch noch greifbar sind, wenn eine weitere Hand benötigt wird.

Das kann rasch passieren, den Zwischenfälle kann es immer geben. Machen Sie sich daher auch einsatzbereit, wenn Sie gar nicht zum Einsatz vorgesehen waren. Ein Beispiel: Wenn alle Beteiligten für ein bestimmtes Manöver Lifebelts anlegen, dann sollten Sie das auch tun. Und nicht erst, wenn Sie gebraucht werden.

Auf größeren Schiffen ist auch hinter dem Rudergänger ein guter Platz, weil Sie ihm dort nicht die Sicht nach vorne verstellen. Die folgende Situation kann man nämlich beim Einlaufen in einen Hafen immer wieder erleben: In gespannter Erwartung baut sich die gesamte Crew vor dem Rudergänger auf, so daß der Bedauernswerte fast schon akrobatische Übungen aufführen muß, um einen Blick nach vorne zu erhaschen. Daher: wenn Sie schon auf dem Vorschiff sein wollen (oder sich dort aufhalten müssen), dann setzen Sie sich oder verdrücken Sie sich – unseemännisch ausgedrückt – ins hinterste Eck des Schiffes. Von dort ist die Sicht genausogut.

Segeln auf See

Wenn Sie nach den bisherigen Schilderungen den Eindruck haben, auf einem Segelboot gebe es nichts als Manöver, Arbeit und kommandierte Hektik, so ist das grundfalsch. Nach den wenigen notwendigen Manövern – ablegen – Segel setzen – Segel trimmen – kehrt auf einem Schiff meist sehr schnell entspannte Ruhe ein. Jetzt beginnt die Erholungsphase. In den ersten Stunden auf See sitzt man meist in der Plicht beisammen, plaudert ein bißchen, tauscht Erfahrungen aus und lernt sich so näher kennen. Jeder erzählt ein wenig von sich, man entdeckt Gemeinsames, faßt Vertrauen ineinander und, ohne daß man es merkt, beginnt sich so etwas wie eine Crew zu formen.

Was den Anfängern in diesen ersten Stunden noch auffällt ist die Stille. Als Mitglied einer motorisierten Gesellschaft sind wir gewohnt, daß alles, was sich bewegt Lärm macht und stinkt. Segelboote stinken nicht und machen auch keinen Lärm. Sie ziehen fast lautlos ihre Bahn, nur das leise Plätschern der Wellen am Schiffsrumpf ist zu hören. Erst wenn der Wind stärker wird und die Wellenhöhe zunimmt, beginnt ein gleichmäßig an- und abschwellendes Rauschen. Die Stille, die Weite und die Monotonie der Schiffsbewegung wirken ungewöhnlich beruhigend. Langsam, so wie das Meer atmet, spielt sich bald das ganze Leben an Bord ab. Da selbst die ärgsten Hektiker zum dolce far niente verurteilt sind, macht sich eine friedliche Stimmung breit, wie ich Sie an Land noch nirgends gefunden habe. Man hat plötzlich das Gefühl, von lauter netten Menschen umgeben zu sein. Auf all die kleinen Zwischenfälle, die zu Hause jedesmal eine mittlere Katastrophe bedeuten würden, reagiert man mit Gelassenheit und Schulterzucken. Radio, Zeitung, Fernsehen, Telefon verlieren urplötzlich an Bedeutung. Geschäftsinteressen, die noch an Land so ungeheuer wichtig waren, vergißt man schneller als das Boot Fahrt aufnimmt. Ich erinnere mich da an einen Werbemanager, der mir zu Beginn eines zweiwöchigen Griechenlandtörns unmißverständlich klarmachte, daß sein Seelenheil und seine finanzielle Existenz an einem Telefongespräche hinge, das er morgen oder zumindest übermorgen mit seinem Grafiker führen müsse. Wer Griechenland kennt weiß, daß es einem dort leicht gemacht wird, schnell mal zu Hause anzurufen. Selbst auf den kleinsten Inseln findet man am Straßenrand die Kioske mit dem Telefon, die zu einem preiswerten Freiluft-Telefonat direkt einladen. Der segelnde Werbemann hat von dieser Möglichkeit auch wiederholt Gebrauch gemacht. Er hat telefoniert – mit seiner Freundin. Nie mit seinem Grafiker. Der schien ihm schon nach den ersten 24 Bordstunden so unwichtig, daß er während des restlichen Törns keinen Gedanken mehr an ihn verschwendete.

Damen an Bord

Das Manöver heißt „Mann über Bord", auch wenn es eine Frau ist, die im Wasser schwimmt; eine Frauencrew wird Damen-„mannschaft" genannt und wenn bei einem Manöver eine zusätzliche Deckshand gebraucht wird, so spricht man von einem „zweiten Mann", auch wenn die hilfreiche Hand von einer Frau kommt.

Wenn Sie das bisher Gelesene unter diesem rein sprachlichen Gesichtspunkt rekapitulieren, werden Sie feststellen, daß es an Bord eines Charterschiffes keine weibliche Diskriminierung gibt. Den reinen Männertörn gibt es zwar immer noch, doch die Zahl derer, die dem alten Aberglauben nachhängen, wonach eine Frau auf einem Schiff Unheil bedeutet, ist im Schwinden.

Auf Grund meiner Erfahrung im Charterbetrieb könnte ich jedenfalls nicht sagen, daß es ein spezielles Damenproblem gibt, weder eines, das Frauen wirklich davon abhalten könnte, einen Törn mitzumachen, noch eines, das mit ihrem Aufenthalt an Bord verbunden wäre.

Wenn es einen Reibungspunkt gab, dann eher zwischen Ehepartnern. Die Gründe waren zweierlei: Da gibt es die Ehemänner, die schon am zweiten Tag auf See im feriengelaunten Überschwang all ihre Hemmungen über Bord werfen und vor dem Essen nach einem Aperitif und nachher auch noch nach einer guten Cubazigarre greifen. Was ihnen prompt den Verweis der weiblichen Ehehälfte einträgt: „Jetzt trinkst du schon am Vormittag und rauchst ununterbrochen dieses stinkige Zeug."

Und das vor versammelter Mannschaft!

Kommt der Vorwurf einmal, kann man ihn geflissentlich überhören, tönt er aber mit der Regelmäßigkeit einer Heulboje, wird die harmlose Sache zum Problem. Etwas diffiziler ist die zweite Situation. Da legen sich Damen einer gemischten Crew ungeniert splitterfasernackt oder im knappsten aller Bikinis in die Sonne, was den Herrn gefällt, verheirateten Damen aber mitunter mißfällt, weil Sie meinen, die schamlose Nackte habe es partout auf ihren Ehemann abgesehen.

Aus diesen alltäglichen Ereignissen Lehren zu ziehen, überlasse ich den Damen – den verheirateten, die auch auf einem Urlaubstörn die Zügel nicht gerne lockern, und den sonnenhungrigen, die in so einem Fall vielleicht mehr

Einfühlungsvermögen entwickeln oder sich mit ihren Geschlechtsgenossinnen über das Ausmaß der Sonnenanbeterei absprechen sollten. Gerede und böses Blut gibt es immer, wenn sich ein Crewmitglied vor allen anfallenden Arbeiten drückt. Das auch dann, wenn ein liebenswerter und eifriger Partner seinem „Schatziputzi" diese Arbeiten freiwillig abnimmt. Ältere Ehepaare und junge Liebespaare neigen zu dieser einseitigen Art von Arbeitsteilung, womit schon gesagt ist, daß dies kein Problem ist, das nur die Damen an Bord betrifft.

Frühaufsteher und andere Typen

Freilich kann es Ihnen auch bei Ihrem ersten Törn passieren, daß Sie an einen Typen geraten, mit dessen Gewohnheiten Sie sich nicht anfreunden können. Frühaufsteher etwa können der restlichen Crew den Nerv ziehen, wenn Sie knapp vor Sonnenaufgang aus der Koje springen und zu rumoren beginnen, wo doch der Rest der Mannschaft noch gerne schlafen würde.

Gleiches gilt von Hockenbleibern, den männlichen wie den weiblichen, die sich auch lange nach Mitternacht noch immer nicht von ihrem Glas oder ihrem Gesprächsthema trennen können.

Ein Störfaktor sind mitunter auch harmlose Eigenbrötler, von denen es auch in Seglerkreisen genug gibt: Solche, die über einem guten Buch Zeit und Umgebung vergessen, solche, die auch beim besten Willen keine Ordnung halten können, solche, die angebrochene Bierdosen nach dem ersten Schluck stehen und angebissene Marmeladebrote liegen lassen, solche, die ständig fremde Sonnencreme verwenden, nicht weil sie die eigene sparen wollen, sondern weil sie zerstreut sind, solche, die gar nicht merken, daß ihre Hilfe benötigt wird oder Tolpatsche, die zwar willig, aber einfach zu ungeschickt sind, um irgend etwas richtig zu machen.

Für all diese Fälle gibt es nur einen guten Rat: Seien Sie tolerant und nachsichtig oder versuchen Sie Kompromisse zu finden.

Ich vereinbare mit den Hockenbleibern, von denen es ja mehr gibt, als man gemeinhin annimmt, in Absprache mit dem Rest der Crew eine absolute Deadline. Nach dieser Zeit hat einfach Ruhe am Schiff zu herrschen. Haben sich alle mit der Zeit einverstanden erklärt, genügt meist schon ein sorgenvoller Blick auf die Uhr, um auch die Letzten zum Aufgeben und Schlafengehen zu bewegen.

So eine Deadline läßt sich auch mit den Frühaufstehern vereinbaren. Einmal hatte ich so einen frühen Vogel an Bord, der, kaum aus den Federn, damit begann, das Frühstück für alle herzurichten, so wie er es von zu Hause gewohnt war. An und für sich ein sehr verdienstvoller Tagesbeginn. Aber zu der Zeit, zu der er mit Töpfen und Tassen zu klappern begann, sanken andere Crewmitglieder gerade in die Tiefschlafphase. Als die ersten Langschläfer zu murren begannen, war der Frühaufsteher zunächst fast beleidigt, daß sein perfekter Frühstücksservice nicht geschätzt wurde, schließlich einigten wir uns aber auf eine für beide Seiten akzeptable Regelung: Der Frühaufsteher sollte die ersten zwei seiner Tagesstunden mit seinem zweiten Hobby, dem Lesen, an Deck verbringen und erst ab 7 Uhr mit dem Frühstücksritual beginnen. Mit solch einem klärenden Gespräch – ohne einen bösen oder drohenden Unterton – lassen sich die meisten Situationen bereinigen.

Und wenn nicht?

Dann rate ich Ihnen: sehen Sie über die Fehler oder Schwächen Ihrer Mitsegeler hinweg. Sie werden sich doch nicht durch solche Kleinigkeiten Ihren Urlaub vermiesen lassen. Lachen Sie auch ruhig einmal, statt sich zu ärgern und denken Sie daran, daß nicht alles nach einer Norm ablaufen muß.

Wenn einer gerne Kognak trinkt, ein anderer lieber Whisky, warum sollen alle Gin trinken?

Seltsame Typen sind das Salz, das aus dem Einheitsbrei einer Segelei erst einen denkwürdigen Törn macht. Daß es des Salzes manchmal zu viel sein kann, soll dabei schon mal vorkommen.

Seekrankheit

Wirklich zu bedauern sind Sie erst, wenn sich während Ihres ersten Törns herausstellt, daß Sie nicht seefest sind – daß Sie seekrank werden. Aber geraten Sie nicht gleich in Panik, wenn Sie in den ersten Stunden kotzen müssen. Das sagt noch gar nichts. Viele erfahrene Segler müssen sich am Beginn jedes Törns erst an die Schaukelei gewöhnen. Bei vielen Anfängern löst ein unbewußtes oder unterdrücktes Angstgefühl zusammen mit dem Auf und Ab der Wellen alle Symptome der Seekrankheit aus: Erst ist es nur ein flaues Gefühl, dann folgen kalte Schweißausbrüche und schließlich revoltiert der Magen. Manchmal in beide Richtungen gleichzeitig. Das ist besonders unangenehm. Denn um die Toilette aufzusuchen, muß der „Patient" unter Deck, dort empfindet er die Schaukelei noch ärger, gleichzeitig fehlt ihm die frische Luft, die den Schweißausbruch lindern könnte. Ist die Toilette mit letzter Kraft erreicht, folgt der totale Zusammenbruch. Der Betroffene hängt mehr als er sitzt auf der Toilette, übergibt sich vielleicht auch noch und ist für längere Zeit körperlich zu schwach, um zur Koje zu wanken.

Einige versuchen selbst noch in diesem erbärmlichen Zustand, die Spuren ihrer Übelkeit penibel zu beseitigen, statt sie einfach mit der Dusche in die Bilge zu spülen. Das ist zwar heroisch, führt aber in den meisten Fällen nur zu einem weiteren, schlimmeren Brakedown, denn das Hantieren in gebückter Haltung auf einem schwankenden Schiff bekommt mitunter auch ziemlich seefesten Burschen nicht.

Also, was tun?

1. Kämpfen Sie gegen die Übelkeit nicht an. Wenn Sie merken, daß Ihnen übel wird, lassen Sie sich vom Skipper einen Platz an Deck zuweisen, an dem Sie kotzen können, ohne sich und die anderen zu gefährden.

2. Wenn Sie das Gefühl haben, sich übergeben zu müssen, dann tun Sie es. Raus damit. Es ist keine Schande, und alles was Sie von sich geben, läßt sich mit einem Kübel Seewasser in Sekundenschnelle beseitigen.

3. Suchen Sie mit den Augen Halt am ruhigen Horizont. Das hilft. Wenn Sie sich und Ihrem Gleichgewichtsorgan erst mal suggeriert haben, daß sich die Bewegung des Schiffes kaum von der eines fahrenden Autos auf einer kurvenreichen Bergstraße unterscheidet, wird es aufhören sauer zu reagieren.

4. Meist werden Sie sich nach dem Kotzen erleichtert, aber auch matt fühlen. Bleiben Sie trotzdem an Deck, aber bitten Sie den Skipper oder einen Segelkameraden, daß er Ihnen einen Lifebelt anlegt. So sind Sie gesichert, selbst wenn Sie nach einiger Zeit vor Erschöpfung einschlafen sollten.
5. Gehen Sie wirklich unter Deck, dann fummeln Sie nicht lange herum. Versuchen Sie auf schnellsten Weg Ihre Koje zu erreichen. Und legen Sie sich so wie Sie sind hin. Notfalls mit Schuhen und Ölzeug. Im Liegen läßt sich die Seekrankheit immer noch am leichtesten ertragen. Hilfreich ist es, wenn Sie für den Fall des Falles eine Plastiktüte bei der Hand haben. Ich kenne Leute, die so ein „Speibsackerl" (aus dem Flugzeug) griffbereit in Ihrer Ölzeugjacke haben.

Der ruhigste Punkt des Bootes ist in der Schiffsmitte, möglichst tief unten, in den meisten Fällen also der Salonboden.

Ich wage zu behaupten, daß es gegen die wirkliche schwere Seekrankheit kein Mittel gibt, wohl aber gegen die Übelkeit, die aus der Mischung von Nervosität und ungewohnter Bewegung entsteht und vielen Seglern die ersten Bordtage verleidet.

Wer fürchtet, von dieser leichten Form der Seekrankheit befallen zu werden, sollte darauf achten, seinen Magen nicht zu überfordern. Wer den Beginn des Törns mit einem üppigen Abschiedsmenü und entsprechenden Mengen Alkohol feiert, darf sich nicht wundern, wenn sein Magen schon auf die kleinsten Wellen reagiert. Auch ein reichhaltiges Frühstück vor dem Auslaufen kann die Magenverstimmung auslösen. Besser ist es daher nur wenig zu trinken aber etwas feste Nahrung zu sich zu nehmen. Selbst wenn einem die Übelkeit schon befallen hat, hilft es manchmal, an Keksen oder an Zwieback zu nibbeln.

Viele Segler bekämpfen die aufkommende Übelkeit mit Rudergehen. Das hilft, weil man dabei nicht so sehr auf die Schiffsbewegungen achtet, sondern viel mehr das angepeilte Ziel, sprich den ruhigen Horizont oder eine Landmarke im Visier hat.

Gute Erfahrungen haben meine Chartergäste auch mit sogenannten Akupressurbändern gemacht, die man sich wie Pulswärmer über die Handgelenke zieht.

Und dann gibt es natürlich noch eine ganze Menge von medizinischen Präparaten, vom Kaugummi bis zum Stuhlzäpfchen, auf die verschiedene Leute recht unterschiedlich reagieren. Bei manchen bleiben die Mittel ohne jede Nebenwirkung, andere wieder reagieren darauf mit Müdigkeit, Gleichgültigkeit aber auch mit euphorischen Gefühlen. Es wird Ihnen also nichts anderes übrig bleiben, als selbst herauszufinden, welches Mittel gegen Seekrankheit für Sie das beste ist. Aus meiner langjährigen Erfahrung kann ich allerdings sagen, daß sich bei meinen Chartergästen das berühmte Pflaster hinter dem Ohr (ein Scopolamin-Präparat namens „Scopoderm") am besten bewährt hat.

Wenn einmal alles schiefgeht

Da hilft die beste Vorbereitung nichts: Manchmal geht bei einem Törn einfach alles schief. Auch wenn man die Situation hundertmal durchdenkt und sich gegen alle Eventualitäten abzusichern versucht, gibt es immer noch die hundertunderste Möglichkeit, an die man nicht gedacht hat. Dabei können einem schon die harmlosen Zwischenfälle den Spaß an einem Törn gründlich verleiden: Das Boot ist nicht am vereinbarten Liegenplatz oder es entpuppt sich erst nach der Übernahme als reparaturanfällige Rostschüssel.
Oder es spielt das Wetter nicht mit. Statt des erwarteten Sonnenwetters mit lauen Sommernächten gießt es zwei Wochen lang in Strömen. Da ist es wenig Trost, wenn die Einheimischen erzählen, so einen verregneten Sommer hätte es seit 90 Jahren nicht gegeben.
Oder ihre Mitsegler entpuppen sich als absolute Horrorcrew: Der Skipper liegt mit seiner Freundin im Clinch, Ihr Kojenpartner ist ein ungewaschener Stänkerer, der Rest der Crew, samt den Damen, hängt in Kneipen herum oder schläft an Bord den Rausch aus.
Sagen Sie nicht, solche Törns gibt es nicht. Es gibt sie. Auch in der Dreierkombination: Schlechtes Boot, schlechtes Wetter, schlechte Crew.
Sie können dann nur versuchen das Beste daraus machen, indem Sie sich mit einem Gedanken trösten: Sie werden noch auf Jahre hinaus in Ihrem Büro, an Ihrem Stammtisch und bei jeder Segelrunde etwas zu erzählen haben.
Also Kopf hoch! Es wird schon nicht so schlimm werden.

Kleiner Bord-Knigge

Seien Sie pünktlich, gelassen, gemütlich.
Seien Sie humorvoll, anpassungsfähig, nachsichtig.
Seien Sie nicht kleinkariert, nicht nachtragend, nicht wehleidig.
Seien Sie nicht rechthaberisch.
Helfen Sie unaufgefordert.
Tragen Sie etwas bei.
Nützen Sie Ihre Fähigkeiten.
Prahlen Sie nicht.
Lassen Sie sich nicht bedienen.
Lernen Sie zu teilen.
Seien Sie kein Sauberkeitsfanatiker.
Spielen Sie sich nicht auf.
Rauchen Sie nicht unter Deck und an Deck nur in Lee.
Sagen Sie „Bitte" und „Danke", aber übertreiben Sie nicht.
Verlangen Sie nichts Unmögliches.
Maulen Sie nicht, wenn Sie überstimmt werden.
Reden Sie offen, wenn Ihnen etwas nicht paßt.
Drücken Sie sich nicht vor unangenehmen Aufgaben.
Seien Sie bereit etwas zu lernen.
Folgen Sie den Anordnungen des Skippers.
Lächeln Sie, das hilft immer oder zumindest häufig.

Der Tages-Törn

„Willst du nicht mal zum Segeln mitkommen?" Wenn Sie sich nur einigermaßen für die Segelei interessieren, sollten Sie diese freundliche Einladung eines Skippers annehmen. So eine Chance, den Segelsport ohne größeres Risiko kennenzulernen, bietet sich nicht so schnell wieder. Allerdings sollten Sie, ehe Sie spontan zusagen, abklären, wie die Einladung gemeint ist. Nimmt man Sie als Freund und guten Kumpel mit, ohne eine Gegenleistung von Ihnen zu erwarten, oder rechnet man damit, daß Sie sich an den Kosten für diesen Tagesausflug beteiligen. Die Kosten müssen Sie nicht schrecken, Sie sollten nur wissen, wie Sie dran sind, damit Sie nicht am Ende eine böse Überraschung erleben.

Eine Tagestour bietet Ihnen alle Vorteile und hat nur einen Nachteil: Wenn Sie sich gerade an das Boot gewöhnt haben, wenn Sie vielleicht sogar Spaß am Segeln finden, ist die Sache schon wieder vorbei.

Aber der Tagestörn bietet Ihnen die Gelegenheit herauszufinden, ob Sie seefest sind oder nicht. Werden Sie seekrank, so haben Sie wenigstens die Gewißheit, daß Sie in wenigen Stunden wieder festen Boden unter den Füßen haben werden.

In der Mehrzahl der Fälle wird es der Eigner eines Schiffes sein, der Sie zu solch einer Tagestour einlädt. Das ist ein Vorteil. Denn abgesehen davon, daß Eignerschiffe meist besser ausgerüstet sind als Charterboote, ist der Eigner mit seinem Boot vertraut, er kennt seine Vorteile und Mucken – die Eingewöhnungsphase fällt also weg.

Das heißt aber auf der anderen Seite, daß auch Sie nur wenig Zeit haben, sich mit dem Boot vertraut zu machen – ein Manko, das Sie möglichst schnell ausgleichen sollten.

Was müssen Sie wissen?

Wie man die Toilette benutzt? Nein. Da kommen Sie schon dahinter. Wo das Bier gelagert ist? Nein, auch das finden Sie, falls es wichtig ist, selbst heraus. Was Sie wirklich wissen müssen ist, wie Sie als Anfänger allein mit dem Boot zurechtkommen können. Das ist selbst dann wichtig, wenn sich außer dem Skipper auch noch zwei, drei andere, segelkundige Leute an Bord befinden. Es hat schon Fälle gegeben, wo zum Beispiel durch verdorbenes Essen, die gesamte Crew ausgefallen ist.

Sie sollten sich daher noch vor dem Auslaufen erklären lassen, wie die Segel gesetzt und wie sie wieder geborgen werden. Sie sollten wissen, wie der Motor gestartet wird. Sie sollten den Platz kennen, an dem die Rettungswesten und Lifebelts verstaut sind und Sie sollten im Notfall das Schapp finden, in dem die Rettungsmittel aufbewahrt werden, damit Sie im Fall des Falles Hilfe herbeirufen können. Falls ein Funkgerät an Bord ist, sollten Sie auch wissen, wie man den Kanal 16 einstellt, die Notfrequenz auf der Sie einen Hilferuf ausschicken können.

In puncto Ausrüstung sollten Sie in Ihren ersten Tagestörn nichts investieren. Sprechen Sie sich vielmehr mit dem Skipper ab, was Sie an Kleidung benötigen und was er Ihnen aus seinem Fundus borgen kann. Die meisten Bootseigner haben ja ein zweites Ölzeug, das vielleicht nicht mehr ganz schick und vielleicht auch nicht mehr ganz dicht ist, als Notbekleidung für einen Tagestörn aber immer noch reicht.

Aber egal was der Skipper Ihnen rät und wie er Sie beschwichtigt, verlassen Sie sich nicht darauf, daß das Wetter den ganzen Tag über so bleibt, wie es am Morgen aussieht oder wie es im Wetterbericht vorhergesagt wurde. Rechnen Sie auch damit, daß der Törn länger dauert als geplant, daß Sie vielleicht erst nach Sonnenuntergang zurückkehren. Das heißt: packen Sie zumindest eine warme Hose und einen Pullover ein, auch laue Nächte sind auf See ziemlich kühl.

Und noch etwas: Seien Sie pünktlich. Halten Sie die vereinbarten Treffpunkte ein. Es könnte sein, daß die Abfahrt genau auf Ebbe und Flut abgestimmt, oder auf die Öffnungszeiten einer Schleuse ausgerichtet ist. Da könnte Ihre Verspätung die ganze Törnplanung zunichte machen.

Und sonst bringen Sie viel gute Laune mit, aber halten Sie sich zurück, wenn es ums Essen und Trinken geht. Sie könnten sonst sich und den anderen den ganzen Törn verderben. Wenn Sie Ihren ersten Törn schon feiern müssen, dann tun Sie es nach der glücklichen Rückkehr.

Der Weekend-Törn

Man sollte meinen, daß es nicht viel Unterschied macht, ob so ein Segeltörn einen Tag dauert, oder ob man über das Wochenende unterwegs ist. Bei einer Crew, die sich schon gut kennt, ist es tatsächlich ziemlich egal, ob sie 24 oder 48 Stunden draußen ist.

Für einen Anfänger liegt zwischen beiden Varianten nicht nur eine Spanne von 24 Stunden, sondern eine ganze Nacht. Und die macht den Unterschied zu einem kurzen, gemütlichen Tagestörn aus.

Eine Nacht gemeinsam auf See. Eine Nacht gemeinsam in einem Boot, da gilt es schon einiges zu überlegen. Nicht nur für Damen gilt es die Frage zu klären, ob Sie mit der Person, die Sie zu dem Weekendtörn eingeladen hat, so gut sind, daß Sie mit ihr eine Nacht verbringen würden.

Auf See ist das nicht so wie in einem Eigenheim, wo man das Gästezimmer zugewiesen bekommt, in das man sich für die Nacht zurückzieht. Die räumliche Enge auf einem (kleinen) Boot führt zu einem gewissen Maß an Intimität, zu der man vielleicht nicht bereit ist.

Es gibt in unserer Gesellschaft viele durchaus herzliche, freundschaftliche Beziehungen, die nur deshalb so gut funktionieren, weil von beiden Seiten eine gewisse Distanz gewahrt wird.

Klären Sie daher bevor Sie zusagen, bei einem Weekendtörn mitzumachen, die Frage wie und wo und vor allem mit wem Sie die Nacht verbringen werden.

Erste Möglichkeit: Sie steuern einen Hafen an und übernachten dort im Hotel. Dann wird es wohl keine Bedenken geben.

Zweite Möglichkeit: Sie steuern einen Hafen an und verbringen eine sogenannte „Bauernnacht" auf dem Schiff. Dann gilt es sofort die Frage zu klären, ob Sie eine eigene Kammer haben, in die Sie sich zurückziehen können oder ob Sie vielleicht gar die Koje mit jemand teilen müssen, der Ihnen gar nicht sympathisch ist. Auf kleinen Schiffen ist es mitunter unumgänglich, daß man, geschichtet wie die Sardinen in der Dose, dicht aneinander gedrängt, die Nacht verbringt. Frage: Wollen Sie das?

Die dritte Möglichkeit: Sie segeln die Nacht durch und kommen nur zwischendurch zu ein paar Stunden Schlaf. So eine Nachtfahrt ist nicht jedermanns Sache, auch wenn man Sie Ihnen in den schönsten Tönen schildert.

Nachtfahrten sind, auch ohne milden Mondschein und silbriges Meeresleuchten ein großartiges Erlebnis, das Sie sich auf jeden Fall einmal gönnen sollten. Aber Sie sind auch eine Strapaze. Man sollte sie daher nur wirklich ausgeruht angehen und nicht zwischen zwei hektischen Arbeitswochen einstreuen. Bedenken Sie das, ehe Sie Ihre Entscheidung treffen.

Ich will Sie – um Gottes Willen – nicht davon abhalten einen Segeltörn mitzumachen. Ganz im Gegenteil. Ich möchte Sie dazu ermuntern. Aber ich möchte mit meinen Vorbehalten und Überlegungen verhindern, daß Ihr erster Törn ein Reinfall wird.

Also springen Sie ruhig einmal über Ihren Schatten und stürzen Sie sich ins Abenteuer. Es könnte ja sein, daß Ihr erster Törn so großartig verläuft, daß Sie sich gleich zu einem zweiten und dritten entschließen.

Aber da sind Sie ja dann kein Neuling mehr.

Kleines Wörterbuch der Seglersprache

Damit Sie wissen, wovon die Rede ist

Die folgende Aufzählung soll kein Segellexikon ersetzen, sondern soll Ihnen helfen, die Begriffe zu verstehen, die Sie an Bord immer wieder hören werden. Manchmal sind die Ausdrücke verwirrend, weil sie ähnlich klingen, und doch nichts miteinander zu tun haben, manchmal – wie beispielsweise Tauwerk – kann ein und dasselbe Ding verschiedene Namen haben, je nach Verwendung.

abfallen

Eine Kursänderung vom Wind weg. Das Gegenteil davon: *anluven.*

auffieren

Dem Zug auf eine Leine nachgeben, ohne sie *ausrauschen* zu lassen. Häufig auch nur *fieren*.

Backskisten

sind die mehr oder weniger großen Stauräume, die von Deck aus zugänglich sind. An ihren schlecht geschlossenen Verschlüssen schlagen sich Segler häufig das Schienbein wund. *Backschaft* ist hingegen alles, was mit dem Küchenbetrieb zu tun hat. Die *Küche* selbst heißt *Kombüse* oder – neudeutsch – *Pantry*.

Baum oder **Großbaum**

Eine Stange aus Holz, Kunststoff oder meistens Aluminium, an der der untere Teil des Großsegels *angeschlagen* wird.

Baumniederholer Unten am Baum angreifender Flaschenzug oder auch ein starres Rohr, die verhindern, daß der Baum auf Vorwindkursen in die Höhe steigt.

belegen Eine Leine festmachen.

Bilge Der Raum im Bootsboden zwischen Kiel und Bodenbrettern, in den häufig Tanks eingebaut sind und der auch als Stauraum dienen kann.

dichtholen, durchsetzen heißt so viel wie spannen, anziehen. Das Gegenteil davon heißt *fieren*.

Dingi ist das Beiboot, manchmal auch *Tender* genannt. Es wird mit *Riemen* (mühsam) oder mittels eines Außenborders bewegt.

Dirk Eine Leine, die von der Mastspitze zum Ende des Baumes führt und den Baum hält, wenn das Segel *abgeschlagen* ist.

ETA Estimated time of arrival, also die geschätzte Ankunftszeit. Stimmt fast nie.

Etmal ist die in 24 Stunden zurückgelegte Strecke.

Fall (das, Mehrzahl: Fallen) Leinen oder Drähte zum Setzen der Segel. Entsprechend gibt es ein Fock-, ein Groß- oder ein Spinnakerfall.

Fender Polster aus unterschiedlichem Material, um die Bordwand vor Beschädigungen an Stegen, Nachbarschiffen oder ähnlichem zu schützen.

festmachen

Das Boot mit Leinen an Land oder an Pfählen sichern. Die *Achterleine* führt vom Heck eines Bootes nach achtern, ihr Widerpart ist die *Vorleine*. Zusätzliche Festmacherleinen sind die *Springs*, die eine Bewegung des Bootes in der Längsrichtung verhindern. *Achterspring* führt vom Heck des Schiffes nach vorne, die *Vorspring* von vorne nach achtern.

Hundekoje

eine enge Koje, in die man mit den Beinen voraus schlüpfen muß, bis zum Schluß nur noch der Kopf herausschaut – wie bei einer Hundehütte. Die Hundekoje ist der beste Schlafplatz bei schlechtem Wetter.

klarieren

Ein vielfältig verwendeter Begriff im Sinne von „etwas in Ordnung bringen". Das Deck oder eine Leine wird klariert. In einem Hafen wird *ein-* und *ausklariert*.

killen

hat mit britischen Krimis nichts zu tun, sieht man einmal davon ab, das ein killendes Segel einem unachtsamen Segler schlimme Verletzungen zufügen kann. Ein Segel killt, wenn es lose im Wind schlägt.

Knoten

1. Seemännische Verbindung zweier Leinen. 2. Geschwindigkeitseinheit für Seemeile pro Stunde.

krängen

Ein Schiff krängt, wenn es sich durch den Winddruck zur Seite legt. (Den Skipper kränkt das wenig.)

111

kreuzen	Mit Zickzack-Kurs auf ein Ziel in Windrichtung zusegeln.
Leinen	gibt es an Bord in vielfältiger Form. Das verwirrende daran: sie haben, je nach Verwendungszweck und Stärke verschiedene Namen: ***Bändsel*** – nennt man dünne Leinen, mit denen alles mögliche festgebändselt wird. Stärkere Leinen werden ***Ende, Tampen*** oder ***Leine*** genannt, noch dicker werden sie zu ***Tauen*** und ***Trossen***. Die Leinen, mit denen man die Segel hochzieht, heißen ***Fallen***, die, mit denen man die Segelstellung reguliert, ***Schoten***. Leinen zum Vertäuen des Schiffes werden ***Festmacher*** genannt.
lenzen	Ausschöpfen, ausleeren. Wird auch im Zusammenhang mit austrinken gebraucht.
Logge oder **Log**	Der Tachometer des Schiffes. Das ***Lot*** ist hingegen der Tiefenmesser.
Luv und **Lee**	Beides hat mit dem Wind zu tun. Luv ist dort, wo der Wind herkommt, Lee die dem Wind abgewandte Seite.
Mastverstrebung	Meist aus Stahldraht. Die Verspannungen nach vorne und achtern heißen ***Vor-*** und ***Achterstag***, die nach beiden Seiten werden ***Wanten*** genannt. Die Wanten werden im oberen Teil des Mastes durch die ***Saling*** waagrecht abgespreizt.
Meile, Seemeile	1852 Meter, der 60. Teil eines Längengrades. Der 10. Teil einer Seemeile, also 185 Meter, heißt ***Kabellänge***. Die Geschwindigkeit eines Bootes

wird in **Knoten** gemessen. Ein Schiff macht einen Knoten Fahrt, wenn es eine Seemeile in einer Stunde zurücklegt. Die Durchschnittsgeschwindigkeit eines Segelbootes bei mittlerem Wind können Sie mit 5 bis 8 Knoten annehmen. Sie haben recht: ein mittelmäßiger Radfahrer ist auch etwa so schnell.

Muring

(auch Mooring) Festmachemöglichkeit im freien Wasser. Meist eine Boje oder ein Grundgeschirr.

Palstek

Einer der vielen Seemannsknoten. Sehr universell anwendbar, daher in Seglerkreisen sehr beliebt. Den sollten Sie möglichst bald lernen.

Persenning

Eine wasserdichte Abdeckplane für die Segel, das Cockpit oder sogar das ganze Boot.

Poller

Ein starker, kurzer Pfahl aus Holz, Stahl oder Stein zum Festmachen von Leinen an Land. In kleineren Versionen auch auf manchen Schiffen zu finden.

reffen

Ein Segel verkleinern.

Richtungen

Die Begriffe links und rechts sowie vorne und hinten könnten an Bord zu Verwirrung führen. Denken Sie nur an einen Bootsmann, der seiner Mannschaft gegenüber steht und von links und rechts spricht. Ist links aus seiner Sicht gemeint oder aus der Sicht der Mannschaft? Daher gibt es an Bord Richtungsangaben, die unabhängig von der Position sind: **achtern** ist hinten, **achteraus** alles was hinter einem Boot liegt. Die anderen Richtungen sind **vorne** oder **voraus**, sowie – wenn man Richtung Bug blickt – **Backbord** für links und **Steuer-bord** für rechts. (Das „r" in rrrechts und steuerrr-bord kann als Merkhilfe dienen) An **Backbord** befindet sich das **rote**, an **Steuerbord** des **grüne** Positionslicht. Achtern die weiße **Heckleuchte**.

Rigg
Moderne Bezeichnung für die Takelage eines Segelbootes.

Rollfock, Rollgenua
Eine heute weit verbreitete Einrichtung, die es ermöglicht, das Vorsegel vom Cockpit aus auf das Vorstag zu wickeln und es so zu verkleinern oder vollständig wegzunehmen.

Schäkel
Durch Schraub- oder Steckbolzen verschließbarer Metallbügel, um stark beanspruchte Teile miteinander zu verbinden, z. B. das Fall mit dem Segel oder den Anker mit der Ankerkette.

Schotten
sind die (manchmal wasserdichten Unterteilungen) des Schiffsrumpfes. Mit **Schoten** werden dagegen die Leinen bezeichnet, mit denen die Segel eingestellt werden. Die Leinen, an denen die Segel gesetzt werden, heißen **Fallen**.

Schwalbennest
Kleiner, meist zu kleiner Stauraum in und an Seitenwänden an und unter Deck, entweder in Form einens Netzes oder eines muldenförmigen Hohlraums.

Segel
Die meisten Schiffe verfügen über mehrere Segel. Bei Charterschiffen sind es in der Norm ein großes Vorsegel, **Genua** genannt und das **Großsegel**. Die kleinere Form des Vorsegels heißt **Fock**.

slippen
1. Das Zuwasserlassen eines Bootes über eine Sliprampe.
2. Schnelles Loswerfen einer Leine, die auf Slip belegt ist.
3. ein Anker slippt, wenn er nicht am Grund faßt.

vertörnt
verdreht, durcheinander. Gilt nicht für den Skipper, sondern nur für Leinen, Schoten etc.

Windstärke
Sie reicht von 0 bis 12. Ab Stärke 6 spricht man von Starkwind, ab 8 von Sturm, ab 11 von Orkan. (Nur zur Information: Sturm beginnt bei Windgeschwindigkeiten von 34 Knoten oder 62 km/h). Die Windstärke wird in ***Beaufort*** angegeben. Der französische Name täuscht. Francis Beaufort, der die Windstärkenskala eingeführt hat, war ein britischer Admiral.

Winschen
Mit einer einsteckbaren Kurbel oder elektrisch zu bedienende Winde (Schotwinsch, Fallwinsch, Ankerwinsch). Es gibt einfache Winschen, solche mit Übersetzung und Zweigang-Winschen, bei denen man je nach Drehrichtung ein größere oder kleinere Übersetzung wählen kann. Selbstholende Winschen klemmen die Schot fest und ersparen den ständigen Zug am losen Ende, so daß man beide Hände zum Kurbeln frei hat.

Packliste für den Seesack

Dokumente

Reisepaß
Geld, Kreditkarten

Krankenschein
Seefahrtsbuch

Kleidung

Unterwäsche/Socken etc.
Pullover (dick und dünn)
Decksschuhe
Reservejeans
Ölzeug
Badesachen

T-Shirts
Trainingsanzug
Landschuhe
Mütze/Halstuch
Waschzeug/Hygieneartikel
Handtuch/Liegetuch

Sonnenschutz

Sonnenbrille mit Sicherung
Sonnenhut/Kappe

Sonnenschutzcreme
Sonnen-T-Shirt

Persönliches

Persönliche Medikamente

Persönliche Lebensmittel

Technisches

Taschenlampe
Batterien
Taschenmesser
Arbeitshandschuhe

Fotoapparat/Videocamera
Filme/Reserveakkus
Kassetten- oder CD-Player

Keine Notwendigkeit, aber ganz praktisch
Schreibzeug
Taschenrechner
Badeschuhe
Gummihandschuhe
Mückenspray
Kerze
Zündhölzer
Salzwasserseife
Flaschenverschlüsse
Geschirrtücher
Wäscheklammern
Bändsel (Schnüre)
aufblasbares Sitzpolster
Lesestoff
Plastiktüten (für den Müll)
2. Geldbörse

Von Fall zu Fall zu klären
Haartrockner
elektrischer Rasierapparat
(nur wenn 220-Volt-Anschluß vorhanden)
Schlafsack
Bettwäsche
Handtücher
Thermosflasche
Plastikbehälter
Werkzeug
Reisebeschreibungen
Spiele
Musikinstrument

Einkaufsliste für die Verproviantierung

Es gibt keine Einkaufsliste, die für jeden Törn, für jede Crew und für jede Gegend gültig ist. Was man an Lebensmitteln an Bord schleppt, hängt von vielen Faktoren ab: Von der Größe der Crew. Von den Fähigkeiten des Kochs. Kann er nur Spaghetti mit Tomatensauce zubereiten, oder gehen ihm auch Dinge wie Rindsrouladen in Rahmsauce oder Coq-au-vin von der Hand? Will die Crew an Bord verpflegt werden oder geht sie lieber essen? Gibt es in der Pantry überhaupt Möglichkeiten, eine Mahlzeit für die gesamte Crew herzustellen? Hat man Gelegenheit, Vorräte zu ergänzen oder muß die Verpflegung für die gesamte Törndauer von Anfang an mitgeschleppt werden?

Trotzdem soll die nachstehende Liste Anregung und Hilfe bei der Törnplanung sein, auch wenn sie nur dazu dient, einzelne Posten als „nicht nötig" abzuhaken.

Da es nicht überall Supermärkte gibt, in denen man einfach alles bekommt, ist die Liste so geordnet, daß Crewmitglieder damit zu einzelnen Geschäften ausschwärmen können.

Die Liste ist nicht vollständig, aber sie nimmt Bedacht darauf, daß nicht alles, was an Lebensmitteln angeboten wird, auch schiffstauglich ist. Viele Waren verderben zu schnell, andere lassen sich schlecht stauen. Achten Sie bei Ihrem Einkauf auch darauf, wie angebrochene Packungen weiterverwendet werden können. Sie einfach in den Kühlschrank zu stellen, wie man das zu Hause macht, ist keine Lösung. Kaufen Sie also lieber kleinere Einheiten, auch wenn eine Großpackung wirtschaftlicher wäre. Und scheuen Sie sich nicht, die Liste nach eigenen Erfahrungen zu ergänzen oder eigene Einkaufswünsche anzufügen.

Lebensmittel generell, Dosen

Reis
Mehl
Grieß
Teigwaren (Nudeln)
Zucker
Essig
Öl
Honig
Marmelade
Tee (schwarz, Früchte, Kamille,
Minze)
Kaffee
Packerlsuppe
In Dosen: Fertiggerichte
Tomaten
Linsen
Bohnen
Erbsen
Aufstriche
Sardinen
Thunfisch

Brot

Frisches Brot
Toastbrot
Brötchen
Zwieback
Knäckebrot
Kekse
Paniermehl (Brösel)

Fleisch

Frisches Fleisch

Hackfleisch
Geflügel
Wurst
Würstchen
Schinken
Speck
Pasteten
Dosenfleisch

Fisch

Nach Angebot

Milch und Käse

Frischmilch
Haltbarmilch
Sauermilch
Yoghurt (in Varianten)
Frischkäse
Käse abgepackt
Butter
Margarine
Eier
Quark
Sahne
Crème fraîche

Gemüse

Zwiebeln
Knoblauch
Kartoffeln
Gurken
Tomaten
Karotten
Sellerie

Blumenkohl
Petersilie
Zucchini
Kohl
Kraut
Kräuter

Obst

Nach Angebot und Saison

Süßwaren

Kekse
Schokolade
Riegel
Müsli
Käsegebäck
Salzgebäck

Gewürze

Salz
Pfeffer
Oregano
Kümmel
Paprika
Ketchup
Senf
Mayonnaise
Suppenwürfel

Haushaltsgegenstände

Küchenrolle
WC-Papier
Papiertaschentücher
Servietten
Kaffeefilter

Schwammtücher
Geschirrtücher
Bodentuch
Spülmittel
WC-Reiniger
Zündhölzer
Kerzen
Batterien

Getränke

Wasser
Mineralwasser
Soda
Fruchtsaft
Cola
Tonic
Ice-Tea
Bier
Wein (rot/weiß)
Alkoholika (Kognak, Whisky,
Wodka, Rum etc.)

Medikamente

Pflaster
Verbandzeug
Sonnenschutzmittel
Pillen (wenn nötig)

Sonstiges

Gas
Petroleum
2-Takt-Gemisch für Außenborder
Postkarten
Briefmarken